全域旅游视域下
中国体育旅游发展研究

潘丽霞 著

九州出版社
JIUZHOUPRESS

图书在版编目（CIP）数据

全域旅游视域下中国体育旅游发展研究 / 潘丽霞著
. -- 北京 : 九州出版社，2021.8
ISBN 978-7-5225-0345-5

Ⅰ. ①全… Ⅱ. ①潘… Ⅲ. ①体育－旅游业发展－研
究－中国 Ⅳ. ①F592.3

中国版本图书馆CIP数据核字(2021)第149834号

全域旅游视域下中国体育旅游发展研究

作　　者	潘丽霞　著	
责任编辑	古秋建	
出版发行	九州出版社	
地　　址	北京市西城区阜外大街甲 35 号 (100037)	
发行电话	(010)68992190/3/5/6	
网　　址	www.jiuzhoupress.com	
印　　刷	北京九州迅驰传媒文化有限公司	
开　　本	880 毫米 ×1230 毫米　32 开	
印　　张	6	
字　　数	115 千字	
版　　次	2021 年 8 月第 1 版	
印　　次	2021 年 8 月第 1 次印刷	
书　　号	ISBN 978-7-5225-0345-5	
定　　价	48.00 元	

目　录

绪　论

经历了漫长的萌芽期之后，体育旅游现已进入了稳定发展阶段，并将在 21 世纪焕发新活力，迎来黄金发展期。世界旅游组织 (UNWTO) 2016 年报告显示，体育旅游年产值超 4500 亿欧元，增长率达到每年 14%，超过旅游产业 4%—5% 的整体增速，是全球旅游市场中增长最快的旅游方式。[①] 随着我国经济的快速发展、人们闲暇时间的增多和健身意识的不断增强，体育旅游参与人数快速增加，体育旅游市场稳步增长。本研究从全域旅游视角分析当前体育旅游发展现状，剖析与探究存在问题及其产生的缘由，并在此基础上努力构建促进体育旅游全域发展的模式，提出具体发展路径，对于促进体育旅游健康可持续发展具有一定的理论和现实意义。

---

① 吕红星：《从俄罗斯世界杯看"体育＋旅游"新业态》，中国经济时报百家号，https://baijiahao.baidu.com/s?id=1606254303885303565，最后访问日期：2019 年 7 月 20 日。

第一节 研究背景

一、政策支持下体育产业发展潜力巨大

近年来促进中国体育产业发展的利好政策密集出台,体育产业乘着政策的东风快速发展。自 2010 年以来,国务院接连发布多项促进体育产业发展的政策。2010 年国务院办公厅发布《关于加快发展体育产业的指导意见》,将大力发展体育产业提升至国家战略的高度,确立了其在国民经济发展中的重要地位。该《意见》对于从体育产业发展的基本方针、主要目标和重点任务,到采取的主要政策和措施,以及深化改革等方面都作了全面阐述,从宏观角度为体育产业发展指明了方向。2014 年国务院办公厅印发《关于加快发展体育产业促进体育消费的若干意见》,强调健身休闲产业的重要性和发展面临的机遇与挑战,提出把体育产业作为绿色产业、朝阳产业培育扶持,通过培育多元市场主体、优化产业布局和结构等大力发展体育服务业与挖掘体育产业潜力,将发展体育产业、促进体育消费纳入国民经济和社会发展规划,力争到 2025 年体育产业总规模超过 5 万亿元。[①]2016 年国务院办公厅发布《关

---

① 国务院:《国务院关于加快发展体育产业促进体育消费的若干意见》,国发〔2014〕46 号,中国政府网,http://www.gov.cn/zhengce/content/2014-10/20/content_9152.htm,最后访问日期:2019 年 10 月 20 日。

于加快发展健身休闲产业的指导意见》，指出加快发展健身休闲产业是推动体育产业向纵深发展的强劲引擎，是增强人民体质、实现全民健身与全民健康深度融合的必然要求，是建设"健康中国"的重要内容，对挖掘和释放消费潜力、培育新的经济增长点与增强经济增长新动能具有重要意义。提出到 2025 年基本形成布局合理、功能完善、门类齐全的健身休闲产业发展格局，健身休闲产业总规模达到 3 万亿元。[①]2019年国务院办公厅印发《关于促进全民健身和体育消费推动体育产业高质量发展的意见》，指出发展体育事业和产业有利于培育新的经济增长点，在十个方面提出相应政策举措，包括完善体育产业政策、促进体育消费试点、提升体育服务业比重、支持体育用品制造业创新发展、加快发展冰雪产业等。[②]2019年国务院办公厅印发《体育强国建设纲要》，提出五大战略任务，提出到 2035 年体育产业成为国民经济支柱性产业。该文件的颁布使体育产业具备了长期投资的高确定性，也为体育产业成为国民经济支柱产业提供了政策保障。2019 年 12 月中央经济工作会议提出，在深化供给侧结构性改革上持续用力，确保经济实现量的合理增长和质的稳步提升，促进产业和消

---

① 国务院办公厅：《国务院办公厅关于加快发展健身休闲产业的指导意见》，国办发〔2016〕77 号，中国政府网，http://www.gov.cn/zhengce/content/2016-10/28/content_5125475.htm，最后访问日期：2019 年 7 月 21 日。

② 国务院办公厅：《国务院办公厅关于促进全民健身和体育消费推动体育产业高质量发展的意见》，国办发〔2019〕43 号，中国政府网，http://www.gov.cn/zhengce/content/2019-09/17/content_5430555.htm，最后访问日期：2020 年 7 月 12 日。

费"双升级"，强调推动体育旅游产业高质量发展，推进体育健身产业市场化发展。这是近年来中央经济工作会议首提体育产业发展。

　除了国务院颁布的多项政策文件，国家体育总局也推出了一系列大力推动体育产业发展的政策文件。2011年国家体育总局印发《体育产业"十二五"规划》，明确了体育产业的目标，到"十二五"末期即2015年，体育产业增加值将超过4000亿元，占国内生产总值的比重超过0.7%，从业人员超过400万。[1]2016年国家体育总局发布了《体育产业发展"十三五"规划》，提出要在坚持改革引领、市场主导、创新驱动和协调发展的基本原则下，实现体育产业总规模超过3万亿元，产业增加值在国内生产总值中比重达到1%，体育服务业增加值占比超过30%，体育消费额占人均居民可支配收入比例超2.5%等目标。[2]除了"五年规划"，体育总局在竞技体育产业和健身休闲产业等方面也制定了具体的、针对性的文件。2014年体育总局推出《关于推进体育赛事审批制度改革的若干意见》，2015年中央全面深改小组通过了《中国足球改革总体方案》，这些政策文件均有利于推动体育赛事改革，促进体

---

[1] 国家体育总局：《体育总局关于印发〈体育产业"十二五"规划〉的通知》，中国政府网，http://www.gov.cn/gongbao/content/2011/content_2004745.htm，最后访问日期：2019年5月23日。

[2] 王恒志：《国家体育总局发布〈体育产业发展"十三五"规划〉》，中国政府网，http://www.gov.cn/xinwen/2016-07/14/content_5091040.htm，最后访问日期：2020年12月10日。

育赛事市场化运作与体育产业的发展。2016 年国家体育总局
发布《关于进一步加强国家体育产业基地建设工作的通知》，
进一步明确国家体育产业基地的概念和类型，在理清管理权
限、进一步优化申报、评审及认定程序和强化对国家体育产
业基地的考核监督、实行动态管理等方面作了进一步详细阐
释。2016 年国家体育总局发布的《冰雪运动发展规划 (2016—
2025 年)》指出，到 2025 年形成冰雪运动基础更加坚实，普
及程度大幅提升，竞技实力极大提高，产业体系较为完备的
冰雪运动发展格局，强调大幅提高冰雪运动普及度，丰富群
众冰雪活动，促使参与冰雪运动的人数稳步增加。[①]2016 年国
家体育总局还发布《航空运动产业发展规划》，着重强调了要
加强航空运动基础设施建设，完善航空运动赛事体系，培育
多元化市场主体，积极引导航空运动消费等。2017 年国家体
育总局办公厅发布《关于推动运动休闲特色小镇建设工作的
通知》，并同时成立运动休闲特色小镇基金，积极推动运动休
闲特色小镇的建设。

相关产业政策措施的颁布实施，为体育产业发展提供了广
阔的市场空间，体育产业步入快速发展期。随着我国体育人口
和居民体育消费水平快速提高，体育产业保持高速增长，产业
结构不断优化。2017 年全国体育产业总规模（总产出）为 2.2

① 国家体育总局:《冰雪运动发展规划（2016—2025 年）》，国家体育总
局，http://www.sport.gov.cn/n316/n340/c773663/content.html，最后访问日期:
2020 年 10 月 25 日。

万亿元，增加值为 7811 亿元。从名义增长看，总产出比 2016 年增长 15.7%，增加值增长了 20.6%。[①]2018 年，全国体育产业总规模（总产出）为 26579 亿元，增加值为 10078 亿元，体育产业增加值占国内生产总值的比重达到 1.1%。[②]2019 年全国体育产业总规模（总产出）为 29483 亿元，增加值为 11248 亿元。从名义增长看，总产出比 2018 年增长 10.9%，增加值增长 11.6%。[③] 在各级政府政策资本的共同加持下，体育产业总规模不断扩大，总产值不断增长，体育产业作为国民经济新兴产业凸显出巨大潜力。

二、政策支持下旅游业迅速发展

旅游业作为现代服务业的重要组成部分，对于扩大就业、拉动内需、加快经济发展具有重要作用。当前党中央、国务院高度重视旅游业发展，并将"大力发展旅游业"作为"十三五"期间构建产业新体系的重要内容，为充分提升旅游消费增长潜力，出台多项政策法规，并逐步创造落实条件，全力推动旅游业发展。2009 年国务院印发《国务院关于加快发

---

① 国家统计局、国家体育总局：《2017 年全国体育产业总规模与增加值数据公告》，国家统计局，http://www.stats.gov.cn/tjsj/zxfb/201901/t20190108_1643790.html，最后访问日期：2020 年 4 月 4 日。

② 国家统计局、国家体育总局：《2018 年全国体育产业总规模和增加值数据公告》，国家体育总局，http://www.stats.gov.cn/tjsj/zxfb/202001/t20200120_1724122.html，最后访问日期：2019 年 12 月 5 日。

③ 国家统计局、国家体育总局：《2019 年全国体育产业总规模与增加值数据公告》，国家统计局，http://www.stats.gov.cn/tjsj/zxfb/202012/t20201231_1811943.html，最后访问日期：2021 年 3 月 9 日。

展旅游业的意见》，首次明确了旅游业的定位——国民经济的战略性支柱产业和人民群众更加满意的现代服务业，并提出了旅游业发展的主要任务：深化改革、优化消费环境、加快相关基础设施建设、培育新的消费热点、积极推动旅游产品多样化发展等，指出政府要加大金融支持，大力支持旅游业的发展。为贯彻落实《国务院关于加快发展旅游业的意见》精神和中央关于把旅游业培育成国民经济战略性支柱产业的重要战略部署，进一步加大金融支持实体经济力度，改进和提升金融对旅游业的服务水平，支持和促进旅游业加快发展，相关部门推出一系列促进旅游业发展的配套金融政策。2012年《关于金融支持旅游业加快发展的若干意见》《关于鼓励和引导民间资本投资旅游业的实施意见》等文件先后发布，在加强和改进旅游业金融服务、支持旅游企业发展多元化融资渠道和鼓励社会资本支持旅游业发展等方面提出了具体意见。2013年国务院办公厅印发《国民旅游休闲纲要（2013—2020年）》，提出保障国民旅游休闲时间、改善国民旅游休闲环境、推进国民旅游休闲基础设施建设、加强国民旅游休闲产品开发与活动组织等主要任务和措施。2015年国务院办公厅印发《关于进一步促进旅游投资和消费的若干意见》，提出了具体的政策措施，以改善旅游消费环境、新辟旅游消费市场、培育新的旅游消费热点、开拓旅游消费空间。2018年文化和旅游部、国家发展改革委等多部门联合印发《促进乡村旅游发展提质升级行动方案（2018年—2020年）》，提出在发展乡村基础设施和环境整治基础上，大力引导乡村旅游发展，发挥乡村旅游对促进消费、改善民生、推动高质量发展的重要带动作用。2019 年国务院办公厅印发《关于进一步激发文化和旅游消费潜力的意见》，指出要深化文化和旅游领域供给侧结构性改革，不断激发文化和旅游消费潜力，努力促进旅游业的健康发展，增强其对经济增长的带动作用，并提出了 9 项激发文化和旅游消费潜力的政策举措。

近年来，除了国务院和旅游相关部门制定颁布的多项旅游政策外，各地市也因地制宜地提出了相应的促进本地旅游业发展的意见或纲要。北京市先后研究制定了《京郊旅游发展纲要（2015—2020 年）》《北京市人民政府关于促进旅游业改革发展的实施意见》等一系列政策，不断完善旅游政策支撑体系，积极开发文化创意产品，打造"动漫北京""艺术北京"等具有广泛影响力的品牌文化活动，努力构建京郊旅游产品供给体系。2017 年辽宁省出台《辽宁省人民政府关于优化文化产业布局和结构调整的指导意见》，为促进辽宁省文化产业和旅游产业高质量发展提供了有益的政策保障。2019 年贵州省文化和旅游厅发布《关于大力发展乡村旅游的实施意见》，围绕"聚焦聚力旅游扶贫""衔接美丽乡村建设"两方面进行基本思路设定。

在当前产业政策利好背景下，我国旅游业快速发展，对GDP 的综合贡献逐年增加，行业内的产品与业态也在逐渐丰富，旅游业在经济发展中的作用更加凸显，已成为支柱产业。"2017 年我国旅游发展活力强劲，全年人均出游次数达到 3.7 次，旅游业综合贡献 8.77 万亿元，对国民经济的综合贡献达 11.04%，带动直接和间接就业 8000 万人。"[①] "2018 年我国国内旅游人数 55.39 亿人次，比上年同期增长 10.8%，入出境旅游总人数 2.91 亿人次，同比增长 7.8%；全年实现旅游总收入 5.97 万亿元，同比增长 10.5%。旅游直接就业 2826 万人，旅游直接和间接就业 7991 万人，占全国就业总人口的 10.29%。"[②] 旅游业的发展不仅表现在国民旅游出行次数和消费能力的提升方面，还体现在旅游消费结构逐步优化升级方面，当前我国旅游业与其他服务业、制造业和农业等产业融合不断深入，旅游产业内部各行业间协调性、互补性不断加强，新的旅游业态纷纷崛起，旅游产品不断创新，它们正推动着我国旅游业的结构升级与优化。

三、体育旅游的快速发展

体育旅游作为旅游业和体育产业深度融合的新兴产业形态，是政府大力推进的朝阳产业。促进体育产业和旅游业发展的政策文件与专门的体育旅游发展政策文件共同推动体育旅游快速发展。2009 年国家体育总局、国家旅游局联合发出

---

① 王珂：《去年我国人均出游 3.7 次》，人民网，http://society.people.com.cn/n1/2018/0109/c1008-29752619.html，最后访问日期：2019 年 10 月 15 日。

② 王莹：《2018 年全国实现旅游总收入 5.97 万亿元 同比增长 10.5%》，新华网，http://www.xinhuanet.com/local/2019-02/13/c_1210058734.htm，最后访问日期：2019 年 12 月 21 日。

《促进中国体育旅游发展倡议书》，明确了联合推动体育旅游发展的意向，指出要大力推进旅游与体育等相关产业和行业的融合发展，培育新的旅游消费热点，促进体育旅游的大发展。2016年促进体育旅游发展的相关文件密集出台，《体育发展"十三五"规划》中指出要与旅游部门共同研制《体育旅游发展纲要》，开展全国体育旅游精品项目推介、打造一批体育旅游重大项目；国家体育总局、国家旅游局签署了《关于推进体育旅游融合发展的合作协议》，强调大力推进旅游、金融等相关职能部门合作，促进体育旅游互动融合，助力经济转型升级；国家旅游局会同十部委联合印发《关于促进自驾车旅居车旅游发展的若干意见》，携手构建自驾车旅居车旅游产业体系，争取到2020年重点建成一批公共服务完善的自驾车旅居车旅游目的地，并推出精品自驾车旅居车旅游线路，培育一批相关连锁品牌企业，初步构建起自驾车旅居车旅游产业体系；国务院办公厅发布《关于进一步扩大旅游文化体育健康养老教育培训等领域消费的意见》，强调各部门重视服务消费的意义，强化组织领导，抓好政策落实，出台促进体育与旅游融合发展的指导意见，大力促进体育消费；国家旅游局、国家体育总局共同印发《关于大力发展体育旅游的指导意见》，强调在健全完善体育旅游保障措施基础上加快体育旅游发展。2017年国家体育总局、国家旅游局联合发布了《"一带一路"体育旅游发展行动方案》，将体育旅游发展与国家"一带一路"总体战略相结合，联合打造具有丝绸之路特色的体育旅游产品，加强体育旅游供给，提高国际体育旅游合作水平。

在当前经济快速发展、众多相关政策文件出台和人们的健身意识不断提升的背景下，体育旅游的垂直化和专业化发展趋势愈加明显，旅游人数不断增多，旅游产品不断丰富。2018 年，一项调查数据显示，"79.3% 的受访者体验过体育旅游，88.5% 的受访者喜欢体育旅游"。① "2017—2018 年中国的冰雪旅游人数达到 1.97 亿人次，冰雪旅游收入约合 3300 亿元，分别比 2016—2017 冰雪季增长 16% 和 22%。预计到 2021—2022 冰雪季，我国冰雪旅游人数将达到 3.4 亿人次，冰雪旅游收入将达到 6800 亿元，'三亿人参与冰雪运动'目标将超额完成。"② 国家旅游局与国家体育总局联合发布的《关于大力发展体育旅游的指导意见》提出，到 2020 年体育旅游总人数达到 10 亿人次，占旅游总人数的 15%，体育旅游总消费规模突破 1 万亿元。③ 以上数据充分体现出中国体育旅游发展的巨大潜力。

在体育旅游蓬勃发展的同时，消费者对体育旅游产品质量、丰富度以及旅游环境等的要求也越来越高，当前体育旅

① 孙山：《79.3% 受访者体验过体育旅游》，中青在线，http://zqb.cyol.com/html/2018-06/21/nw.D110000zgqnb_20180621_2-07.htm，最后访问日期：2020 年 7 月 13 日。

② 王真真：《2017—2018 冰雪季旅游人数达 1.97 亿人次》，新京报，http://www.bjnews.com.cn/finance/2018/12/26/534044.html，最后访问日期：2020 年 7 月 13 日。

③ 国家旅游局、国家体育总局：《国家旅游局 国家体育总局关于大力发展体育旅游的指导意见》，旅发〔2016〕172 号，国家体育总局，http://www.sport.gov.cn/n319/n4833/c781834/content.html，最后访问日期：2020 年 7 月 13 日。

游发展中存在的一些问题也日益凸显，如基础设施不够完善、专业人才匮乏等。当前体育旅游如何突破障碍、优化产品结构、改善旅游环境，以更好地满足人们日益增长的体育旅游需求，是亟需重视和解决的问题。

第二节 研究现状

一、体育旅游研究现状

（一）体育旅游概念的界定研究

恰如"体育"这一词语尚未出现时体育活动就早已经存在一样，体育旅游活动的产生与发展也远早于"体育旅游"一词的出现。随着体育旅游活动实践的不断开展，学者们对其发展给予了更多的关注与研究。国外对于体育旅游的理论研究起步较早，20世纪60年代Anthony撰写了一篇题为"体育与旅游"的论文，成为体育旅游研究的最早作品。Glyptis对欧洲5国体育和旅游之间关系的研究标志着真正意义上的体育旅游理论研究的开始。20世纪90年代开始国内外关于体育旅游的研究日益增多，体育旅游概念辨析方面的成果也颇为丰硕。

目前学术界对于体育旅游概念的研究既有共同点也存在多种争论，多位学者从多方面多角度对体育旅游概念进行阐释。

Hall（1992）认为体育旅游是在非商业的情况下，人们离开居住场所参与或参观体育活动的旅行。[1]Gibson（1998）认为体育旅游是以休闲为主要目的的旅行，在其中旅行者可以参与健身活动或其他体育活动。[2]Standeven 和 Knop（1999）则强调体育旅游是一种主动或者被动地离开居住地或工作地参与体育活动的形式，参与方式是随意或有组织的，参与目的既可以是非商业利益的，也可以是商业利益的。[3]Weed 与 Chris（2004）认为体育旅游是通过体育活动、场地和参与者之间特殊的相互作用而产生的一种经济、社会和文化现象。[4]

国内关于体育旅游概念的研究成果从 20 世纪 90 年代开始不断涌现，多位学者从不同角度对其进行了界定与辨析。刘杰（1991）认为体育旅游是以提高自己的健康或提高某一方面的竞技水平为目的的旅游。[5]韩鲁安、杨春青（1998）从广义与狭义两个方面对体育旅游进行了阐释，他们认为，从广义上讲，体育旅游是指旅游者在旅游中所从事的各种体育活动与旅游地、体育旅游企业及社会之间关系的总和；从狭义上讲，

---

[1]　C. M. Hall, "Adventure, Sport and Health Tourism," in B. Weiler & C. M. Hall eds., *Special Interest Tourism*, London: Belhaven Press and Halsted Press, 1992, pp. 140-157.

[2]　H. J. Gibson, " Sport Tourism: A Critical Analysis of Research," *Sport Management Review*, 1998, Vol.1, No.1.

[3]　J. Standeven & De Knop, *Sport Tourism*, Champaign, IL: Human Kinetics, 1999, pp. 56-61.

[4]　Mike Weed & Bull Chris, *Sport Tourism: Participants, Policy and Providers*, Oxford: Butterworth-Heinemann, 2004.

[5]　刘杰:《论体育旅游》,《哈尔滨体育学院学报》1991 年第 1 期。

体育旅游则是指为了满足和适应旅游者的体育需求，借助多种体育活动促进旅游者的身心和谐发展的社会活动。[①] 于素梅（2005）将体育旅游界定为"旅游者较长时间离开生活地、以旅游和体育为主要目的，以休闲、娱乐、健身、探险等为动机，以欣赏、观看或参与体育活动为主要形式的旅行游览活动"。[②] 刘青（2009）从旅游学和体育学两个角度对体育旅游进行了界定：从旅游学的角度看，体育旅游是人们以参与、观看体育运动为目的，或以体育为主要内容的一种专业性的旅游活动形式；从体育学的角度看，他强调体育旅游"是一种休闲体育或假日体育，是人们参与体育的一种形式或活动的一种方式"。[③]

综观国内外学者关于体育旅游的概念界定，或强调体育旅游的内容，或重视体育旅游的功能，主要可以分为三类：一是认为体育旅游是隶属于旅游业的、具有体育特征的特定旅游活动类别，其本质是旅游活动；二是认为体育旅游是借助于旅游形式参与的体育活动；三是部分学者从其"属"概念出发，强调体育旅游是一种"社会、经济、文化现象"。然而，无论哪种界定，他们都强调其特性为异地性、休闲体验性、体育活动的相关性。因此本书对体育旅游的研究也立足于此，

---

① 韩鲁安、杨春青：《体育旅游学初探》，《天津体育学院学报》1998 年第 4 期。

② 于素梅：《体育旅游资源开发研究》，河南大学硕士学位论文，2005，第 21 页。

③ 刘青：《体育旅游的概念界定研究》，《现代商业》2009 年第 6 期。

认为体育旅游是人们离开常规生活地点，以观看或参与体育活动为目的，从中获得休闲体验的一种社会、经济和文化现象。

（二）体育旅游影响研究

国外学界较早开始关注体育旅游与生态环境方面的关联，部分研究重视体育旅游活动对生态环境产生的负面影响，主要包括对山地环境、海洋环境以及野生动物等的影响。Hall（2001）认为，高尔夫球场引起山地环境的退化与污染。[①] Hinch 和 Higham（2005）的研究结果表明，法国冬奥会造成敏感高山环境不可持续的发展。[②] Peattie 等人（2005）则指出，体育旅游目的地兴建的体育旅游设施分割了野生动物的栖息地，改变了野生动物的生活习惯，间接导致野生动物死亡率增加。[③] 国内学界也关注体育旅游和环境问题的关联。赵金岭（2013）认为，高端体育旅游资源开发缺乏合理的论证和科学的规划，给当地生态环境和人文环境造成严重的破坏。[④] 剧琳彬、刘树军（2015）研究发现，在边界共生型体育旅游景区管理中，会出现不同区域、不同行政部门、开发商与环境等方面

[①] C. M. Hall, "Trends in Ocean and Coastal Tourism: the End of the Last Frontier?" *Ocean and Coastal Management*, 2001, Vol.44, No.9.

[②] Tom Hinch & James Higham, "Sport, Tourism and Authenticity," *European Sport Management Quarterly*, 2005, Vol.5, No.3.

[③] Sue Peattie, Philip Clarke & Ken Peattie, "Risk and Responsibility in Tourism: Promoting Sun-safety," *Tourism Management*, 2005, Vol.26, No.3.

[④] 赵金岭:《我国高端体育旅游的理论与实证研究》，福建师范大学博士学位论文，2013，第 185 页。

的利益冲突。[1]

　　近年来体育旅游的经济效应日益凸显，成为国内外体育旅游专家研究的重要内容。其中奥运会、单项锦标赛等体育旅游活动产生的经济效应更是研究的重点。1992 年西班牙巴塞罗那举办奥运会后，一直到 1997 年度假消费者数量仍超过商务消费者数量，其经济效应持续了十余年之久，巴塞罗那成为当今欧洲三大旅游度假城市之一。体育旅游活动产生的经济效应引起越来越多的学者关注，并对此进行深入研究。Burgan 与 Mules（1992）通过调查赛事观众的消费支出，研究赛事旅游者的消费支出对经济产生的影响。[2] Lee 和 Taylor（2005）以 2002 年韩日世界杯为研究对象，将消费者分为赛事旅游者和非赛事旅游者，发现有 57.7% 的旅游者直接或间接出于赛事旅游动机，且赛事旅游者的消费额约为非赛事旅游者的 1.8 倍。[3] Daniels、Norman 和 Henry（2004）以南卡罗来纳州的自行车比赛为研究对象，发现由体育赛事引发的旅游收入总计达 3247826 美元。[4] 随着当前国内马拉松赛事经济的热潮和

①　剧琳彬、刘树军：《边界共生型体育旅游景区发展中利益相关者冲突与协调研究》，《大众科技》2015 年第 2 期。

②　B. Burgan & T. Mules, "Economic Impact of Sporting Events," *Annals of Tourism Research*, 1992, Vol.19, No.4.

③　C. K. Lee & T. Taylor, "Critical Reflections on the Economic Impact Assessment of a Megaevent: The Case of 2002 FIFA World Cup," *Tourism Management*, 2005, Vol.26, No.4.

④　Margaret J. Daniels, William C. Norman & Mark S. Henry, "Estimating Income Effects of a Sports of a Sport Tourism Event," *Annals of Tourism Research*, 2003, Vol.31, No.1.

2022年冬奥会的临近，学者们对马拉松赛事旅游和冰雪旅游带来的经济效益研究越来越多。陈璐瑶（2019）研究结果表明马拉松赛事能够促进主办城市经济的发展，且赛事级别越高促进作用越大，但影响具有一定的滞后性。[①] 陈添（2019）则构建了我国城市马拉松赛事经济影响评估指标体系。[②] 李婷婷（2018）通过对崇礼区滑雪旅游与区域经济的相关性及影响力分析，发现以滑雪旅游为龙头的崇礼区产业链已经基本形成，滑雪旅游带动了第二、第三产业的发展。[③]

（三）体育旅游发展模式研究

学界除了对体育旅游的概念和影响的研究之外，对体育旅游发展模式和路径方面的研究也逐渐增多。Gibson（1999）指出体育旅游发展需要在政策层面更好地加强体育部门和旅游机构的合作。[④] 肖晓燕（2009）认为应以构建体育旅游圈的方式发展湖北鄂西体育旅游。[⑤] 郑利利（2012）提出通过空间和体

[①] 陈璐瑶：《中国马拉松赛事对城市经济影响的实证研究》，河南财经政法大学硕士学位论文，2019，第47—48页。

[②] 陈添：《我国城市马拉松赛事经济影响评估指标体系构建研究》，武汉体育学院硕士学位论文，2019，第40页。

[③] 李婷婷：《社会经济学视角下滑雪旅游对河北崇礼的经济影响研究》，河北师范大学硕士学位论文，2018，第35页。

[④] H. J. Gibson, "Sport Tourism: A Critical Analysis of Research," Sport Management Review, 1999, Vol.1, No.1.

[⑤] 肖晓燕：《关于鄂西体育旅游资源开发的研究》，武汉体育学院硕士学位论文，2009，第17页。

育旅游产品整合的模式促进体育旅游协调发展。①杨萌（2013）在研究山东省体育旅游的发展现状基础上，提出山东省体育旅游多样化发展、多元化和综合性发展模式，强调政府和机构需要提供有力的支持。②刘晓明（2014）通过对产业融合的分析，认为在政府、企业和市场三方的推动下，体育与旅游两大产业在多方面形成全方位的对接发展模式。③任蓓（2016）从内、外两方面的动因阐述"互联网+"背景下高端定制式民族体育旅游发展动力机制和发展模式。④龙丞（2018）提出在当前社会与经济快速发展的背景下，湖南省可以在智慧体育的基础上发展以高科技为支撑的智慧体育旅游，并在理论论证可行性的基础上，提出湖南智慧体育旅游发展模式。⑤周家羽（2018）对文化创意产业和体育旅游产业融合发展模式进行研究，强调二者的融合发展应在政府职能、企业战略和社会价值等方面予以提升和加强。⑥上述研究或基于具体区域，或基于具体体育旅游项目，提出了具有针对性的发展模式与路径。

① 郑利利：《河南省体育旅游资源评价及整合开发研究》，河南大学硕士学位论文，2012，第16页。
② 杨萌：《山东省体育旅游的模式构建与发展路径的研究》，《当代体育科技》2013年第9期。
③ 刘晓明：《产业融合视域下我国体育旅游产业的发展研究》，《经济地理》2014年第5期。
④ 任蓓：《"互联网+"背景下高端定制式民族体育旅游发展模式研究》，《重庆理工大学学报（社会科学版）》2016年第8期。
⑤ 龙丞：《湖南省智慧体育旅游发展模式研究》，湖南工业大学硕士学位论文，2018，第1页。
⑥ 周家羽：《文化创意产业与体育旅游产业融合发展模式研究》，西安建筑科技大学硕士学位论文，2018，第1页。

二、全域旅游研究现状

随着中国休闲时代的悄然来临，仅靠现有的旅游形态已难以满足旅游者的需求，通过区域资源有机整合和产业融合拓展旅游发展空间、多部门联动等发展旅游的全域旅游理念应运而生，引起了学者们的广泛关注和深入研究。

（一）全域旅游概念

胡晓苒（2010）认为全域旅游是通过对资源的重新整合，在各个空间板块上形成不同特色的旅游产品或业态集群，打破都市（或单一景区）旅游一枝独秀接待格局，在不同区域内打造各自旅游吸引物和服务业态。[①] 厉新建等人（2013）强调全域旅游需要各行业、各部门、全城居民共同参与，充分利用旅游目的地的全部吸引物要素，以满足消费者的全方位体验需求。[②] 魏小安（2015）认为全域旅游要把握好空间全域、行业全域、消费全域、时间全域、社会全域、发展全域这六个全域。[③] 张丽萍（2016）强调"全域旅游是把一个市县或区作为一个整体旅游目的地来建设，通过区域内旅游与农业、林业、工业、商贸、金融、文化、体育、医药等产业的协调融合发展，实现区域资源的有机整合，以旅游业带动经济社

[①] 胡晓苒：《城市旅游：全域城市化背景下的大连全域旅游（上）》，《中国旅游报》2010年12月8日011版。

[②] 厉新建、张凌云、崔莉：《全域旅游：建设世界一流旅游目的地的理念创新——以北京为例》，《人文地理》2013年第3期。

[③] 魏小安：《全域旅游解析》，《中国旅游报》2015年12月2日C02版。

会协调发展的一种新的区域旅游发展理念和模式"。[①] 李金早（2016）认为"全域旅游是在一定区域内，以旅游业为优势产业，通过对区域内经济社会资源尤其是旅游资源、相关产业、生态环境、公共服务、体制机制、政策法规、文明素质等进行全方位、系统化地优化提升，实现区域资源有机整合、产业融合发展、社会共建共享，以旅游业带动和促进经济社会协调发展的一种新的区域协调发展理念和模式"。[②]

当前学界关于"全域旅游"的探讨，在对"全"和"域"的理解与阐释角度上存在些许差异。综合而言，"全域"既强调产业融合的"全"，也强调区域融合的"全"，还包括发展力量的"全"，以及时空的"全"。本书认为全域旅游是一种发展理念与模式，它将区域体视作旅游目的地进行建设，整合区域体内的食、行、购、住、游等产业要素，在政府和各种社会力量的有效聚力下，推进该区域体内旅游环境优化、资源整合、产业融合与区域合作，从而推动该区域体综合全面发展。

（二）全域旅游发展研究

目前对全域旅游发展的研究仍处于积极探索阶段，利用全域旅游理论对乡村旅游、体育旅游、旅游发展战略和集群化

---

① 张丽萍：《全域旅游发展中政府主导作用解析》，《现代商贸工业》2016年第 32 期。

② 李金早：《全域旅游的价值和途径》，《中国旅游报》2016 年 3 月 4 日007 版。

发展路径等方面的研究成果较为丰富。

全域旅游视域下乡村旅游发展研究。黄华芝、吴信值（2015）利用全域旅游理论对兴义市乡村旅游发展进行研究，认为当前旅游产品单一、基础设施薄弱、空间分布不均等问题影响着乡村旅游的健康发展，提出了全域乡村旅游的构架路径。[①]刘玉凤（2016）研究结果表明乡村旅游融合发展是全域旅游发展的拓展和延伸，是可持续发展的动力，应突破传统发展模式，实现宏观、中观和微观三层面融合发展。[②]孟秋莉、邓爱民（2016）在阐释全域旅游理念的基础上，研究了全域旅游视域下的"乡村观"、乡村旅游"产品观"，以及乡村旅游产品体系构建理念，打造基于相关产业的乡村旅游产品体系。[③]唐烨（2017）结合全域旅游发展理念，分析了乡村旅游经济发展的现状，并从资源禀赋、交通条件、经济发展水平和产业政策方面提出政策建议。[④]刘焕庆、吴健（2017）指出，作为旅游产业重要组成部分的乡村旅游在全域旅游发展过程中产生重要的作用，并从宏观规划制定、旅游信息及数据平台建设、乡村旅游与其他相关产业融合、制定乡村综

① 黄华芝、吴信值：《基于全域旅游视角的兴义市乡村旅游发展探讨》，《兴义民族师范学院学报》2015年第3期。
② 刘玉凤：《全域旅游视角下的乡村旅游融合发展研究》，《产业与科技论坛》2016年第12期。
③ 孟秋莉、邓爱民：《全域旅游视阈下乡村旅游产品体系构建》，《社会科学家》2016年第10期。
④ 唐烨：《全域旅游视角下我国乡村旅游发展研究》，《中国农业资源与区划》2017年第7期。

合管理制度等方面提出了相应的宏观性建议。①

　　全域旅游战略、发展模式、集群化发展路径也是全域旅游研究的重点。李玉国（2014）在分析常见的县域发展模式、内外环境 SWOT 分析的基础上，阐述全域旅游模式的优势，并针对沂南县进行实证分析，得出符合旅游产业集群发展的全域发展模式。②张欣、桑祖南（2016）认为旅游产业集群是实现全域旅游发展的重要环节，总结出湖北省全域旅游集群化发展的三阶段模式,并在长阳土家族自治县进行实证研究。③尚晓丽（2016）认为我国已经进入旅游发展新阶段，必须加快实现景点旅游向全域旅游的转变，并提出全域旅游产业集群发展的建议。④杨建容（2016）从全域旅游视角分析甘孜州智慧旅游发展，认同营销和服务等在旅游中的运用。⑤杨健（2016）针对三门峡旅游存在问题，提出全域发展下的旅游产品开发、旅游事件协同营销等对策。⑥李泽锋（2016）分析了象山县全域旅游发展现状，归纳了象山县全域旅游的优势和劣势，提

　　① 刘焕庆、吴健:《全域旅游背景下的延边州乡村旅游可持续发展研究》，《东疆学刊》2017 年第 1 期。
　　② 李玉国:《县级行政区旅游产业全域发展模式研究》，山东师范大学硕士学位论文，2014，第 27 页。
　　③ 张欣、桑祖南:《全域旅游视角下县域旅游产业集群化发展模式研究——以长阳土家族自治县为例》，《旅游纵览（下半月）》2016 年第 6 期。
　　④ 尚晓丽:《基于全域旅游产业集群背景下的旅游专业群建设思考》，《企业导报》2016 年第 13 期。
　　⑤ 杨建容:《全域旅游视角下甘孜州智慧旅游路径探析》，《旅游纵览（下半月）》2016 年第 3 期。
　　⑥ 杨健:《全域旅游视角下的三门峡旅游开发战略分析》，《安阳师范学院学报》2016 年第 2 期。

出象山县发展全域旅游的路径。① 吴旭云、龙睿（2017）利用全域旅游发展模式，对养老旅游目的地发展路径进行了研究，指出了全域旅游模式对养老旅游目的地开发的影响，认为养老旅游目的地建设可以在政府扶持基础上走市场化产业发展之路。② 艾楚楚（2017）则提出了全域旅游背景下南昌市乡村旅游资源整合开发路径。③

全域旅游视域下体育旅游发展研究。彭婷（2018）通过全域旅游视角对柞水县体育旅游的发展路径进行研究，在分析问题的基础上提出具体发展思路与模式。④ 许万林、许燕（2019）以全域旅游为视角研究体育旅游产业的发展，并提出了相应的推动发展的策略。⑤ 王丹、刘奕（2019）探讨了全域旅游视域下上海市体育旅游资源开发优势与问题，并针对性地提出开发对策，以期促进上海体育旅游的可持续发展。⑥ 孙嘉辉、刘加新（2019）提出黑龙江省冰雪全域旅游发展的新方向，建议实行一体化企业经营模式以打造黑龙江省全域旅

① 李泽锋：《县级行政区全域旅游发展路径研究——以浙江省象山县为例》，《科技经济市场》2016 年第 11 期。

② 吴旭云、龙睿：《全域旅游背景下我国养老旅游目的地发展路径探讨》，《改革与战略》2017 年第 5 期。

③ 艾楚楚：《全域旅游背景下的南昌市乡村旅游资源整合开发研究》，南昌大学硕士学位论文，2017，第 1 页。

④ 彭婷：《全域旅游视角下商洛柞水县体育旅游发展路径研究》，西安体育学院硕士学位论文，2018，第 27 页。

⑤ 许万林、许燕：《全域旅游视角下陕西体育旅游产业发展研究》，《体育文化导刊》2019 年第 11 期。

⑥ 王丹、刘奕：《全域旅游视域下上海市体育旅游发展研究》，《现代商贸工业》2019 年第 30 期。

游产业的新体系，共同形成黑龙江省冰雪旅游资源的多元化发展模式。[①]

综上所述，当前对体育旅游和全域旅游的相关研究不断丰富与深入。从研究方法来看，定性分析讨论与定量推理研究相辅相成，定性分析其发展机理和规律的研究更为常见，而直接利用统计数据对典型案例进行分析的研究成果也越来越多，但构建数据模型之类的成果相对较少。从研究内容来看，更为全面与深刻，从旅游资源开发、发展影响到产业政策的支持等均有涉猎。前人的相关研究为本书提供了很好的借鉴和参考，体育旅游发展研究仍存在相当大的可拓展的空间。当前我国体育旅游的发展状况与存在问题呼唤全域旅游理念的指导，而全域旅游视域下深入分析体育旅游发展的研究成果较少，全域体育旅游发展模式亟待构建。

第三节　研究价值与意义

全域旅游理念一经提出，就得到多个领域的充分认同与积极倡导，《"十三五"旅游业发展规划》也明确指出要注重"理念创新，构建旅游发展新模式"，强调"加快由景点旅游发展模式向全域旅游发展模式转变，促进旅游发展阶段演进，实现旅游业发展战略提升"。推进全域旅游具有深远意义，有利

---

① 孙嘉辉、刘加新:《全域旅游视角下黑龙江冰雪旅游发展对策》,《经济研究导刊》2019 年第 8 期。

于破除体制壁垒和管理围墙，建立发展共享机制，促进旅游服务一体化和向精细高效旅游转变，有助于形成综合新产能，契合了新时代体育旅游健康可持续发展的需要，能够促进当前体育旅游发展过程中众多问题的解决与体育旅游的转型升级。基于此，本研究在总结已有研究成果的基础上，以全域旅游为视角和理论基础，分析当前我国体育旅游发展存在的问题以及面临的机遇和挑战，并提出促进其健康可持续发展的模式与具体途径，为相应领域政策的制定与实施提供参考。

体育旅游是体育产业和旅游业融合的新型产业，在我国的发展时间较短，相关理论有待进一步完善。全域旅游也是近几年才被提出的概念，是从中国旅游实践中孕育而出的本土化旅游理论，虽然受到了学术界的普遍关注，但其理论体系和认知框架还处于初步完善阶段。本书运用全域旅游理论对中国体育旅游发展现状进行系统剖析，能够突破单一视角的局限，在分析体育旅游发展存在问题及其产生缘由的基础上，提出在全域旅游发展的大背景下体育旅游的发展模式、动力机制与实现路径，丰富和发展了全域旅游、体育旅游以及产业融合的理论体系和认知框架。

作为现代服务业的重要组成部分，体育旅游已成为区域经济和行业发展的重要引擎。目前体育旅游发展势头强劲，全域化格局正在逐步形成，实现全域化体育旅游发展是体育旅游可持续发展的重要突破口和发展方向。本书针对当前我国体育旅游发展存在问题进行研究，结合全域旅游的发展模式和思路，提出促进我国体育旅游健康发展的模式与实现路径，能够为当前体育旅游发展政策的制定和完善提供参考和依据，对丰富体育旅游产品体系、拓展旅游体育消费空间、推动体育产业与其他产业的深度融合政策的制定，对推动全域旅游发展战略的实施、区域经济协调发展，以及体育产业的转型和经济发展空间升级均具有现实指导意义。

第四节　研究理论基础

一、产业融合理论

产业融合理论是产业经济学的重要理论之一。产业融合是指不同产业之间建立高关联度，相互影响、相互交叉，或者相同产业内不同行业建立高关联度而相互融合产生新业态和发展各产业的双向影响过程，是形成新产业的动态发展过程。产业关联是产业融合的基础，利益追求与市场需要是产业融合的内在力量，而技术进步与创新和放松管制则将产业融合变成现实。技术融合和业务融合造成市场竞合关系、市场需求的改变和产业管制环境变化造成的竞争环境的改善等是产业融合的重要驱动力。产业之间的高速融合带来了产业边界的快速消失，迫使企业不断改变新技术，寻找新顾客群体，满足新的消费需求，因此产业融合对经济增长、战略变革都产生了不可忽视的影响。产业融合既是产业创新和经济增长的主要动力，也是产业转型和结构调整的重要手段，同时又是降低成本和提高效率的有效途径。伴随着信息时代的到来，产业融合速度也在不断加快，从原本的制造业逐步延伸到服务业、金融业等领域。

产业融合是全域旅游实践推进的关键环节和主要基础。全域旅游的提出要求旅游从单一方向向多维方向发展，不只是从自身的纵向提高，更强调横向发展、综合一体化发展，不能只停留在过去的观光发展理念，而是要以旅游为基础贯通各个行业，实现真正的产业融合，从而使旅游业态更加丰富、发展格局进一步提高。现代旅游业关联的行业越来越多，不仅能够促进其他产业的产品消费，同时也能从多个方面促进自身的进一步发展。如旅游业在和农业、工业和文化产业融合的过程中，不仅能够促进农业、工业和文化产品的销售，而且还能为消费者提供新的旅游形式以增加消费者的旅游体验，同步促进旅游业的快速发展。

二、产业集群理论

产业集群理论是 20 世纪 80 年代由美国哈佛商学院学者麦克尔·波特创立的一种经济理论。产业集群是指在一个特定产业领域、地理位置集中的相互联系的企业、专业化供应商、服务提供商、相关产业的企业及其他金融机构、相关科研机构等组成的群体，包括促进竞争的其他实体，产业集群还可以延伸至销售渠道和客户，扩展到生产辅助性产品的厂商，以及与技术或投入相关的企业。"产业集群理论的核心思想就是实现产业的集中,提高竞争力,避免单个力量的薄弱性,产业集群是产业结构调整和优化的必然之路,有助于建立区域品牌。"① 产业集群具有地理聚集性、本地根植性、技术扩散和本地化、专业化分工、充分合作和有效竞争的特点。②

旅游产业群是由一系列的旅游业上下游的供应链或者供应商而组织起来的所有旅游活动及服务,其目的是联合所有相关部门提升旅游目的地的竞争力和吸引力,也具备产业集群的特点。一是空间集聚性。它是指与旅游业相关的企业和机构在一定区域内聚集,是旅游集群得以发展的基础。地域性较强的旅游产品对于消费者具备更大的吸引力,能够吸引更多的旅游爱好者前往消费,也促使旅游企业发挥主观能动性,积极整合聚集,提供更高质量与更全面的服务以满足旅游消费者的需求。二是本地根植性。存在于旅游产业集群内的相关企业的价值观念、制度部署和历史文化等在很大程度上具有相同的背景,具有相近的竞争准则和行为规范,有利于旅游市场交易的正常进行。三是专业分工和协作性。没有良好的协作与分工的集群企业行为只能称之为集聚而非集群。不同的旅游相关企业应既彼此独立又有特别紧密的联系,在不同的空间域和时间域具备较好的协作与分工,在食、住、行、

① 李志辉:《基于产业集群理论的农村旅游产业升级对策研究》,《农业经济》2013年第12期。
② 张惠丽:《文化产业集群演化动力机制研究》,西安建筑科技大学博士学位论文,2015,第17—18页。

游、购、娱等方面有着充分的合作与有效的竞争，从而更好地满足旅游爱好者的多样化需求。[①]四是网络化结构关联效应。旅游产业集群具有较长的产业链，决定了群内企业间存在着较强关联效应。旅游产业集群企业构成了以旅游消费者为主导的连接企业要素的价值网络，此价值网络中存在的各种信息、知识与技术等的持续快速流动，进一步强化了相关企业的关联性。旅游产业集群化发展是一种趋势，是推动区域经济增长、构建区域创新系统和提升区域竞争力的一种重要方式。

三、旅游可持续发展理论

1987 年世界环境与发展委员会在向联合国提交的《我们共同的未来》报告中，正式提出了"可持续发展"的概念："既满足当代人的各种需要，又保护生态环境，不对子孙和后代的生存和发展构成危害的发展"。可持续发展理论包含了三个层次的含义：一是生态可持续发展，维护生态平衡，保护自然环境，在生态和环境的承载力范围内展开经济活动；二是经济可持续发展，不能片面地追求经济利益，要在发展经济的同时，保护环境和资源，实现可持续利用；三是社会可持续发展，在自然环境资源得到保护，经济发展满足基本需求的同时，也要保证代际之间的公平。

1993 年，世界旅游组织 (WTO) 定义了"旅游可持续发

---

① 刘楠：《旅游产业集群演进与策动研究》，西安建筑科技大学硕士学位论文，2014，第 11—12 页。

展"：旅游可持续发展是一种经济发展模式，它被用来达到如下目的——改善当地社区的生活质量，为消费者提供高质量的经历，维护当地社区和消费者所依靠的环境的质量。1995年世界旅游可持续发展会议在西班牙召开，该会议通过了《旅游可持续发展宪章》，提出旅游可持续发展的实质是协调和平衡旅游与自然、文化和人类的生存环境之间的关系，把它们视为一个整体，实现全球范围内的社会发展与经济发展目标的统一。联合国（2001）则将其定义为：旅游可持续发展是以这样的方式和规模在一个地区（社区、环境）发展和维持的旅游，即它在长期内仍然保持活力而不会以可能阻止其他活动和过程的成功发展的方式，不会使（人的或物质的）环境发生退化或恶性改变。随着可持续发展观在全球范围的渗透，以及旅游业的迅速发展，旅游可持续发展问题日益引起人们的关注。

四、旅游利益相关者理论

《牛津词典》是最早记载"利益相关者"一词的工具书，它于1708年就收入了"利益相关者"这一词条，用来表示人们在某一项活动或某企业中"下注"，在活动进行或企业运营的过程中抽头或赔本。"利益相关者"被真正应用到管理领域是在20世纪30年代，多德（1932）表示公司董事要成为真正的受托人，他们不仅代表股东的利益，还代表员工、消费者等利益主体的利益，特别是社区整体利益。1963年斯坦福研究院将"利益相关者"用来表示与企业有密切关系的所有人。弗里曼（1984）在其出版的《战略管理：一种利益相关者的方法》一书中提出，利益相关者是能够影响一个组织目标的实现，或者受到一个组织实现其目标过程影响的所有个体和群体。弗里曼不仅将影响企业目标达成的个体和群体视为利益相关者，同时也将受企业目标达成过程中所采取的行动影响的个体和群体看作利益相关者，并正式将当地社区、政府部门、环境保护主义者等实体纳入利益相关者管理的研究范畴，大大扩展了利益相关者的内涵。同时，弗里曼还从所有权、经济依赖性和社会利益三个不同的角度对利益相关者进行分类，这一研究方法也为利益相关者理论的发展作出了开创性的贡献。弗里曼的观点与当时西方国家正在兴起的企业社会责任的观点不谋而合，得到许多管理学家、经济学家的赞同。当时这一理论主要着眼于企业的管理。20 世纪 90 年代初期以后，利益相关者理论从企业扩展到政府、城市、社区、社会团体以及相关经济和社会环境等。随着这一理论的不断发展，人们发现在不同领域都有属于与该领域相关度或大或小的不同利益相关者。旅游业这一关联性强、涉及面广的产业利益相关者更为繁杂，而利益相关者理论也逐渐被运用到国内外的旅游研究中，并获得了丰硕的成果。

随着时代的发展和经济的进步，旅游业快速发展，并为各国的经济发展作出了巨大贡献，但随之也带来了一系列管理上的挑战问题，如利益分配不均、环境污染严重、旅游市场乱象丛生等，从政府到社会等层面也一直在寻求更加科学合理的运作模式来促进旅游业的健康和谐可持续发展，开始不断尝试将利益相关者理论运用到旅游业的发展和管理中。旅游领域涉及的利益相关者繁多，包括人类或非人类的利益主体、现实的或潜在的利益主体，这些利益相关者对旅游业的发展产生不同的影响，各利益主体既希望通过旅游发展获取利益，又在不同的利益点方面存在某种程度上的冲突。1999 年世界旅游大会通过的《全球旅游伦理规范》明确使用"利益相关者"一词，为旅游业发展中不同利益相关者行为提供了参照标准。国外学者对旅游利益相关者问题的研究主要集中在旅游利益相关者的界定及分类，旅游规划、管理与营销中的利益相关者问题，旅游环境伦理与可持续发展中的利益相关者问题，社区旅游及其协作中的利益相关者等问题。2000 年张广瑞将《全球旅游伦理规范》翻译并引入国内，其后利益相关者理论也受到更多国内旅游学者的关注。当前国内学者对旅游领域的利益相关者研究主要集中在旅游相关者的界定与划分、乡村旅游利益相关者、生态旅游利益相关者、社区旅游利益相关者、旅游开发与规划利益相关者、旅游利益相关者利益诉求、旅游利益相关者利益协调与旅游利益相关者角色定位等方面。

五、区域旅游合作理论

区域经济合作是加快经济发展的大趋势之一，20 世纪 90

年代在世界范围内蓬勃发展。进一步推动区域经济的协调发展
也是国内经济持续健康发展的重要条件，改革开放以来，随
着市场经济体制的确立与完善，我国区域经济合作程度不断
加深，并形成了如"长三角""泛珠三角"等区域经济合作组
织。区域旅游合作作为区域经济合作的形式之一，不但在实
践方面不断突破，理论研究方面更是日益深入与系统。区域
旅游合作作为区域旅游系统各要素和旅游活动合作空间内的
相互关系和组合形式，是区域旅游空间相互作用而产生的要
素配置方式的有效重组，是基于区位条件、政府政策导向和
区域经济实体的具体经济活动等的空间自组织过程。区域旅
游合作是旅游业发展的必然趋势，是一种高级状态，在当前
大旅游、大市场、大产业的发展理念下，单一的旅游模式已
经不足以吸引旅游者和为本区域创造更多的经济效益，区域
旅游合作应势而生并快速发展。国外学者对区域旅游合作的
模式、环境等都给予了足够的关注，国内学者对区域旅游合
作的研究侧重于区域内的资源条件和社会经济发展条件，或
针对合作中的具体问题与案例进行研究，同时也对合作的内
在机制进行了一定的理论探讨，他们的研究成果为当前体育
旅游区域合作研究奠定了良好的基础。

第一章　中国体育旅游蓬勃发展

　　改革开放以来，我国旅游业发展迅速，已成为国民经济战略性支柱产业，作为其重要组成部分的体育旅游的发展也取得了较大的成绩。随着经济的发展和全民健康观念的普及，参加体育旅游人数逐步增长；同时，各级政府也把促进旅游发展纳入重要日程，加快了体育旅游资源的开发、产品的营销和旅游目的地环境的建设等工作，优质体育旅游产品供给能力大大提升，体育旅游市场日趋完善。

第一节　体育旅游资源

　　旅游资源如何界定，学术界尚未达成统一认识，但多强调资源的吸引力和产生的效益，认为旅游资源可以开发利用，产生经济效益、社会效益和环境效益。体育旅游资源作为旅游资源的重要组成部分，是指能够被开发、利用形成体育吸引物，并可以产生效益的各种事物和因素。在我国漫长的社会历史和辽阔的土地上，形成了无比丰厚的旅游资源，8大类、31亚类和155个基本类型的旅游资源都可以找到典型代表。我国不仅拥有丰富多样的海滨、山地、高原资源，还有银装素裹的冰雪世界，更有历史悠久的奇特的民俗文化，为发展体育旅游提供了丰富、优质的资源基础。从东北的雪场到内陆的江河湖泊、名山大川等自然资源，从古已有之的龙舟竞渡、重阳登高到现在的奥运文化遗产等文化资源，这些丰富而独特的民俗体育类、水体类、山体类和赛事类等各类体育旅游资源为我国体育旅游的发展奠定了坚实的基础。

一、民俗体育类旅游资源

民俗体育作为一种文化活动，其内涵和外延在历史的演变中不断地发生变化，在当代其旅游价值日益凸显并受到重视。随着休闲时代的到来，民俗体育文化以其健身休闲、娱乐、教育和经济价值，日渐成为旅游开发的热点和带动区域经济增长的重要因素。我国民俗体育类资源历史悠久，丰富多样，特点鲜明，地域跨度大，能够满足人们的求异、求知、身体参与等旅游需求，已经成为体育旅游开发的重要资源。无论是节日民俗体育、生产劳动民俗体育，还是民间信仰仪式性表演体育等，都得到了较全面的挖掘开发。

龙舟竞渡在中国已经具有两千多年的历史，并发展成为具有广泛群众基础、深受人们喜爱的民俗体育活动。自1980年开始举行"屈原杯"龙舟赛、1991年举行首届国际龙舟节后，龙舟比赛逐渐活跃起来。现在全国各地每年举行大小近百起龙舟比赛，多支龙舟队伍参与其中。特别是自端午节被定为国家传统节假日以来，各地不同风俗特色的龙舟文化得到更加深入的挖掘和开发，地方政府或重视龙舟文化的赛事开发，或注重龙舟文化的节日习俗表演，以吸引更多的消费者参与到当地旅游中，龙舟赛事、龙舟观光旅游成为地方旅游的重要组成部分。如福州有着悠久浓郁的龙舟文化，2013、2015、2016、2017 年的中华龙舟大赛都在福州设有赛站。2018 年中华龙舟大赛福建站共有 36 支队伍晋级参加中华龙舟大赛，共有 12 支福州队伍报名参加中华龙舟大赛标准龙舟比赛。"为弘扬福州传统龙舟文化历史，传承福州地区 2000 年龙舟文化精髓，在赛事期间，福州当地 20 支具有民俗风情的中国传统龙舟队伍将进行 500 米直道竞技展示。"[1]2011 年襄阳市举办的第二届龙舟大赛吸引了大量消费者，现场观众达 8 万多人，端午节假期全市共接待消费者 38.2 万人次，同比增长 21.3%，创下了接待旅客人数、旅游收入新高。[2]

放风筝也是具有广泛群众基础的民俗体育活动。放风筝作为一项古老的民间体育活动，经过漫长的历史发展而逐渐成为我国民俗体育文化的重要内容之一。在与中国传统习俗、

---

① 原浩:《2018 中华龙舟大赛（福建·福州站）17 日开启》，福州新闻网，http://news.fznews.com.cn/dsxw/20180617/5b25e49e59154.shtml，最后访问日期：2020 年 9 月 23 日。

② 吉玉良:《襄阳龙舟赛事开发研究》,《湖北文理学院学报》2012 年第 11 期。

节日文化的融合过程中放风筝运动内涵不断丰富,并最终形成了具有浓郁东方文化色彩的中国风筝文化。因此,当前的放风筝活动不仅是一项广受人们欢迎的休闲娱乐健身活动,而且也是各地旅游开发的重要民俗文化资源,与传统节日文化密切融合,成为传承这些节日文化的重要载体,如清明节、重阳节等节日的放风筝活动顺其自然地成为节事旅游开发的热点。多项国际、国内风筝节的举办吸引了大量体育旅游爱好者的参与。2015 年廊坊举行首届风筝节,吸引 10 万余消费者前来参观。[①]首届潍坊国际风筝节自 1984 年举办以来,连续开展至今,内容更为丰富多彩,参与国家和人数不断增加。2019 年,有近 65 个国家和地区的风筝代表队参加了第 36 届潍坊国际风筝节。[②]

民间信仰仪式性表演类民俗体育资源较为丰富。民间信仰仪式性表演是我国村落社会宗教信仰活动的一种表现形式,是民俗节日中祭拜神灵、愉悦神灵、祈求神灵保佑的一种祭祀仪式,它对村落共同体文化传统的延续、传统社会秩序的建构等发挥着重要作用。[③]许多民俗体育活动与村落祭祀、庆

① 孙泽恒、鞠彦娜:《廊坊举行首届风筝节 吸引 10 万余游客前来参观》,长城网, http://report.hebei.com.cn/system/2015/11/14/016325359.shtml, 最后访问日期: 2019 年 12 月 13 日。

② 陆中秋:《第 36 届潍坊国际风筝会盛大启幕 65 个国家带着特色风筝来参赛》,中国日报网百家号, https://baijiahao.baidu.com/s?id=1631477942431372867, 最后访问日期: 2019 年 12 月 11 日。

③ 郭琼珠:《民间信仰仪式性表演类民俗体育探析》,《武汉体育学院学报》2009 年第 6 期。

典等民俗活动融为一体，以人的身体活动为手段来完成的表演仪式与体育的身体运动的本质是基本相同的，众多民间信仰仪式性表演的内容、形式、方法表征现象下蕴涵着众多民俗体育元素，具有丰富多彩的民俗体育文化内涵和形态特征，是当地体育旅游开发的重要资源。如福建省自然村落的"三公下水操"和"走古事"是春节期间举行的民间信仰仪式性表演活动，两个仪式性表演过程中都带有激烈的身体运动和体育竞赛活动；江西省寒信峡客家人仍保留了许多关于祭拜"水菩萨"的民俗体育习俗，"水菩萨"庙会仪式性灯彩民俗体育习俗是当地重要民俗信仰文化的产物，是民间信仰仪式性表演类民俗体育的重要资源。

二、山体类体育旅游资源

随着户外运动的兴起，山体类体育旅游成为热点。众多旅游爱好者不再局限于山体自然资源景色或景物的观赏，而是产生了更多的需求，包括健身、休闲，山体类体育旅游很好地满足了他们这两方面的需求，因而逐步兴起并快速发展。目前山区林地成为越来越多的体育旅游爱好者的目的地，山林景点开始致力于开发景点与体育活动结合的旅游产品，以期吸引更多体育旅游爱好者参与到山地旅游中来。独特丰富的自然旅游资源是开展山地体育运动的基础，同时也孕育了山地体育运动爱好者的深厚情怀。我国适合开展各类体育活动的山体资源丰富多样，数百座大山分布在我国的大江南北，遍布其中的高原、山原、峡谷等各种类型的地貌资源分布广、数量多、独特性强，具有很高的体育旅游开发价值，如南有类贵州的适宜山地与气候，北有类东北三省的雪山资源等山体类体育旅游资源，可为徒步、登山、攀岩、滑雪等不同户外运动爱好者提供良好的旅游资源。

贵州作为中国旅游资源最丰富、最有特色的省份之一，其地貌的显著特征是多山地和丘陵。贵州拥有的独特自然地貌和气候条件是开展山地体育运动旅游的基本优势和条件，也是其体育旅游健康可持续发展的不竭动力。贵州有 9 个地级单位 88 个县，有 130 多个自然保护区、50 个森林公园和 8 个地质公园，峰林、峡谷、天坑、石林、溶洞、湖泊遍布全省，92.5% 的面积为山地和丘陵，冬无严寒、夏无酷暑，年平均气温 15℃，全年有 300 多天可以进行户外体育运动，是山地户外运动爱好者的憧憬之地，是开展徒步、登山、露营、漂流、越野跑、攀岩、越野技能和山地车等户外运动的理想之地，利用其独有的地貌资源和气候条件打造山地户外运动大省是贵州省体育事业规划的重要组成部分。为促进山地运动的发展、培育体育旅游新动能、高标准优化山地旅游服务、高水平完善山地旅游设施以推动体育产业发展，自 2015 年起贵州省持续承办了五届国际山地旅游暨户外运动大会，包括主体活动、配套活动、国际山地户外运动赛事活动及系列活动等，运动大会成为展示贵州乃至国内外山地旅游资源、户外运动发展水平的重要窗口与平台。2019 年贵州省人民政府发布《关于贵州省创建全国体育旅游示范区的意见》，要求至 2022 年将建成山地民族特色体育旅游强省，重点建设城镇体育旅游示范基地与景区体育旅游示范基地、培育具有全国知名度和影响力的体育旅游企业等，促进体育旅游人数快速增长与消费规模显著扩大。文件明确要求积极开发高桥极限、洞穴探险、山地骑行、户外拓展、攀岩、徒步等特色业态，创建以亚高原山地户外运动为特色的全国体育旅游示范区，将体育旅游培育成为新的经济增长点，将贵州打造成世界知名的体育旅游目的地。贵州省山地旅游基础设施建设不断完善，山地旅游业态不断丰富，为当地旅游业的发展贡献了力量。"2018 年前三季度，贵州接待旅客人次、旅游总收入分别同比增长 31.5% 和 35.2%。"[1]2016 年至 2019 年贵州省接待外省入黔游客人次、旅游总收入年均增长 30% 以上，旅游业实现持续"井喷"。[2]

比较南方而言，北方山脉更长、山体垂直高差大，具备多种坡度，褶皱山多，适合建滑雪场的山自然也更多。东北三省位于我国东北部，地形以长白山地、大兴安岭、辽东丘陵及东北平原为主体，属暖温带季风气候，四季分明，适合体育旅游开发的国家自然保护区、森林公园等资源较多。如地处

① 刘鹏、冷桂玉、贺俊怡：《2018 国际山地旅游暨户外运动大会贵州兴义开幕》，中国新闻网百家号，https://baijiahao.baidu.com/s?id=16143752997869828 87&wfr=spider&for=pc，最后访问日期：2020 年 3 月 24 日。

② 孟海：《贵州旅游总收入连续四年年均增长 30% 以上 2019 年跃居全国第 3 位》，央广网百家号，https://baijiahao.baidu.com/s?id=1685677890728335590，最后访问日期：2021 年 5 月 12 日。

吉林省东南部的长白山具有得天独厚的自然资源优势，是众多消费者向往的天然运动场。冬天白雪皑皑，是雪上运动的战场；夏天草木葱葱，是自行车骑行、徒步等的首选。因此，长白山早已成为国内外无数运动爱好者征服、挑战和体验之地。当地开辟并打造了一批体育特色旅游产品，如全季地形滑雪公园、原始越野挑战赛的森林赛道等，并在此基础上致力于开发一批精品赛事：长白山森林公路自行车赛、主峰爬坡王挑战赛、徒步赛、雪地摩托车赛和林海雪原越野等，自行车骑行项目成为主打项目之一，吸引来自世界各地的体育运动爱好者携亲带友聚集长白山。东北三省漫长的冬季和丰富的山地，吸引着众多海内外体育旅游爱好者参与到冬季冰雪旅游活动中来。比较其他省份而言，东北三省的旅游滑雪场无论在数量和质量上都占据很大优势。如今东北三省聚集了近190座滑雪场，约占我国滑雪场总数的四分之一，主要分布在以哈尔滨—长春—沈阳沿线及东部地区，约半数以上的滑雪场尤其是中小型滑雪场都会选择布局在最邻近的优质景区或高等级旅游景点周边，从而增强了冰雪旅游的竞争力。[①]东北三省的冰雪旅游人数已占据中国冰雪旅游总人数的大半江山，"2018—2019年冰雪季黑龙江接待省外消费者2044万

---

① 杨奇峰：《东北三省旅游滑雪场空间格局特征及优化研究》，哈尔滨师范大学硕士学位论文，2016，第40—45页。

余人次",① 丰富而优质的山地资源成为当地体育旅游发展的重要基础。

三、水体类体育旅游资源

我国水体类体育旅游资源丰富,既包括海洋类体育旅游资源,也包括湖泊类体育旅游资源。海洋体育旅游是以海洋(海岛、海空海底、海面等)为载体,进行体育娱乐、健身、竞技、康复、探险和观赏体育比赛等活动。我国属于海洋大国,大陆海岸线长达 1.8 万多公里,大小岛屿约 2 万个,岛屿岸线长 1.4 万多公里,滩涂面积 2.17 万平方公里,而且大陆海岸带跨越热带、亚热带、温带 3 个气候带,海洋自然资源丰富,其中可供开发的海洋旅游景点达 1500 多处,为体育旅游开发提供了海洋资源优势。② 除了丰富的沿海水资源,内陆的江、河、湖、湿地也同样是我国发展水上运动旅游的重要资源。

山东、海南、浙江、福建等省份海洋旅游资源得天独厚,有着适合体育旅游开发的广阔海域、美丽海滩等,这些省份也是较早进行海洋类旅游资源开发的地区。山东省作为中国东部沿海省份之一,突出于渤海与黄海之中,海岸线绵长,大陆海岸线长达 3121.9 公里,占全国海岸线的六分之一,居全

---

① 品橙旅游:《冰雪旅游:东北难"一枝独秀",新势力冒头》,品橙旅游百家号,https://baijiahao.baidu.com/s?id=1651510963962120498&wfr=spider&for=pc,最后访问日期:2020 年 1 月 13 日。

② 刘传海:《我国海洋体育旅游发展研究》,《体育文化导刊》2019 年第 10 期。

国第二位。山东省沿海水体类体育旅游开发是以青岛为核心形成的"烟台—威海—青岛—日照"沿海城市线，利用海洋、沙滩等沿海自然资源进行开发的水上运动项目众多，开展了沙滩排球、潜水、帆船、冲浪等水上运动项目，以及国际海洋节、国际沙滩节、国际钓鱼节等节庆活动，并辅助以周边的休闲健身项目，特别是众多高尔夫俱乐部的成立和多处省级旅游度假区的开放，共同打造了沿海体育旅游的形象和名片。围绕海洋体育旅游打造的体育旅游都市圈已日显清晰，如青岛的帆船之都、日照的水上运动之都、烟台的海洋休闲城市、海阳的沙滩运动休闲城市等等。海南省海南岛海岸线长近 2000 公里、自然海湾 60 多个，全省海域水质质量良好，在发展水上运动方面有独特优势，海南水上运动产业在海南省旅游业中占有重要的地位。当前海南正在全面推进国家体育旅游示范区的建设，不仅快速开发帆船、潜水、游艇和冲浪等水上项目，而且逐步发展邮轮、游艇海上休闲观光旅游，规划中沙群岛、西沙群岛热带海岛风情休闲度假基地，这些基地不仅直接提升了相关体育场馆的硬件设施，更刺激了本地居民和外地旅游爱好者对水上体育项目的参与热情，由此带动相关旅游产业发展。在亚龙湾、日月湾等地，人们可以尽情享受潜水、帆板、帆船、冲浪、摩托艇、海钓等项目；在串联全岛的公路上，骑行者们可以尽情驰骋，这些项目无疑为海南的体育旅游注入更多内涵与活力。

海洋类体育资源的开发逐步得到重视，得以较快发展，加快了海洋旅游的产业升级，包括海洋类体育旅游在内的我国海洋旅游产业快速发展，2017 年海洋旅游业总量已到达 14636 亿元，成为海洋经济发展的支柱产业。[①]另外，我国丰富的内陆湖泊也为龙舟竞渡、漂流探险、垂钓等运动项目开发奠定了资源基础。如江南地区因为充沛的降水，江河湖泊星罗棋布，仅江苏全省有大小河流 2900 多条、湖泊近 300 个。[②] "苏州境内湖泊 353 个、河流 2 万多条，水面率 36.9%。"[③]依靠内陆水域资源优势和地区辐射力，我国发展水上运动体育旅游的影响力同样不可小觑。

四、赛事类体育旅游资源

赛事类体育旅游资源主要包括两种，一种是以观看精彩比赛为目的的观赏型赛事旅游，另一种是以达到休闲、娱乐和健身为目的的大众参与型赛事旅游。观赏型赛事旅游一般是以职业化水平高的体育赛事为主要卖点，吸引大批体育爱好者去举办地观赛旅游和感受当地文化的旅游。大众参与型体育旅游一般以趣味性、参与性较强的休闲体育为主要旅游资源。随着社会经济的发展和赛事市场化运作不断深入，近年来体育赛事迅猛发展，国内体育赛事在数量增长的同时，赛

---

① 纪晓曦、黄安民、金艳方等：《我国海洋体育旅游安全管理现状与对策研究》，《中国海洋大学学报（社会科学版）》2019 年第 4 期。

② 张妙弟：《中国国家地理百科全书：上海、江苏、浙江、福建》，北京联合出版公司，2016，第 61 页。

③ 李建章：《苏州："东方水城"的嬗变》，《中国水利》2019 年第 19 期。

事规模不断扩大，国内外影响力逐步提升，促进了体育赛事旅游的发展。

我国参与型赛事快速发展，从国内马拉松赛事的举办情况可以窥见我国参与型赛事发展热度。马拉松赛事在中国正从一项专业竞技赛事逐渐发展为全民狂欢的赛事，带动了广大马拉松爱好者参与其中。1981 年举办的首届北京国际马拉松赛是新中国成立后举办的第一场国际马拉松赛事，吸引了 12 个国家的 86 名专业男性运动员参加，许多国人也是通过这次赛事第一次了解了马拉松运动。我国 2011 年全年举办 22 场马拉松比赛，2018 年更是平均每天举办 4.3 场。2019 北京马拉松吸引了超过 16 万名跑友预报名；2019 成都马拉松报名开启后第一个小时，报名人数便突破万名，报名者中甚至包括了几十位 70 岁以上的高龄跑者；2020 年中国马拉松规模赛事将超过 1900 场，马拉松运动产业规模将达到 1200 亿元人民币。[1]2017 年马拉松赛覆盖了全国 31 个省市的 147 个城市，举办赛事最多的三个省份是江苏省、广东省和浙江省。[2] 全、半程马拉松、迷你马拉松、沙漠马拉松、摇滚马拉松、垂直马拉松、亲子马拉松等各具特色的马拉松赛事百花齐放，覆盖全国大小城市，在全国范围内广泛分布、穿插进行。类似马拉松赛事的

---

① 贺劭清：《中国马拉松赛事井喷式发展：成长背后有烦恼亦有收获》，中国新闻网百家号，https://baijiahao.baidu.com/s?id=1648607633890060769&wfr=spider&for=pc，最后访问日期：2019 年 12 月 9 日。

② 任杰：《中国马拉松赛事发展时空分布及影响因素研究》，上海师范大学硕士学位论文，2019，第 17—18 页。

参与型赛事的蓬勃发展不仅为参与者带来了愉悦、健康和自信，而且为举办地带来了大量的体育旅游消费者，为中国体育旅游开辟了新的空间，扩展了新的内涵。

观赏型赛事蓬勃发展。随着我国经济、文化等综合实力的不断提升，国内高水平职业赛事快速发展的同时，各种高水平国际赛事也被大量引入。引入国际体育赛事对于举办城市和体育旅游的全方面促进作用是有目共睹的，国内众多地区致力于引入国际赛事发展体育旅游、提升城市品牌。在引入国际赛事方面，北京和上海等大城市走在前列。2015年国际奥委会投票决议北京成为2022年冬奥会举办城市，这是自2008年北京奥运会之后，北京又一次成为奥运举办城市。经过多年的发展，北京市国际体育赛事项目种类越来越丰富齐全。目前北京市举办或承办的较具代表性的体育品牌赛事有中国网球公开赛、世界斯诺克中国公开赛、北京国际马拉松赛等，这些赛事已经逐渐成为北京体育品牌赛事的代表。据统计，2014年北京举办了27项国际体育赛事。[1] 近年来上海体育竞赛十分活跃，"十二五"期间平均每年举办全国级以上赛事130余次，其中国际赛事占了四成。[2] 2019年上海共举办国际国内赛事57项163次，其中国际性比赛42项87次，全国

---

[1] 朱家琪:《北京市体育品牌赛事引进的研究》，北京体育大学硕士学位论文，2016，第16页。

[2] 佚名:《上海市关于加快发展体育产业促进体育消费的实施意见发布会》，国务院新闻办公室网站，http://www.scio.gov.cn/xwfbh/gssxwfbh/xwfbh/shanghai/Document/1449808/1449808.htm，最后访问日期：2019年4月12日。

性（含埠际）比赛 36 项 76 次，国际赛事占比首次超过 50%，向着建设全球著名体育城市的总目标又迈进一步。篮球世界杯、武术世锦赛、F1 第 1000 站都不约而同地选择上海，也让这座城市成为世界瞩目的焦点。[①]《全力打响"上海服务"品牌 加快构筑新时代上海发展战略优势三年行动计划（2018—2020）》中，强调建设国际体育赛事之都是一个重要的专项，包括打造国际顶级赛事、培育本土赛事、提升体育产业化水平等具体举措。各地区在大力引入国际赛事之外，也注重大力推动国内观赏类赛事的发展，当前除了大力推进已颇具市场的足球、篮球和排球联赛，也逐步展开其他球类联赛、帆船赛等各种赛事。更多观赏型赛事在大中城市逐步发展起来，大大丰富了赛事类体育旅游资源。

五、我国体育旅游资源的特点

旅游资源是旅游业赖以生存和发展的前提条件和基础性要素，是旅游活动不可或缺的存在条件，也是衡量一个地区旅游潜力的重要指标。一个国家或地区旅游产业的发展规模和前景，在很大程度上也取决于其旅游资源的特色、丰度、分布以及对资源的整合开发和保护状况，我国体育旅游资源在丰度、分布以及地理区位、基础设施等方面的优势为体育旅

---

① 秦东颖：《"上海模式"打造国际体育赛事之都，潜力在哪里？》，上观新闻，https://www.shobserver.com/zaker/html/198635.html，最后访问日期：2020年 7 月 12 日。

游发展奠定了坚实的基础。

我国体育旅游资源特点较为突出。第一是广泛多样性。旅游资源基本类型决定了旅游资源的丰富程度，是旅游业发展优先考虑的基础条件。我国体育旅游资源丰富多样、分布地域广泛：自然与人文、古代与现代、民族文化与西方色彩、观赏型与参与型兼备。既有适宜体育旅游的海岸线、山川和湖泊，又有源远流长的灿烂的体育旅游启蒙思想与文化景观；既有古代遗存的体育项目发源地，又有新兴建与兴起的鸟巢、水立方与航模基地等现代体育建筑设施与文化；既有观赏型的体育赛事，又有具有广泛参与性的马拉松赛事等。随着体育旅游需求的多样化，越来越多的资源会被用作体育旅游开发。

第二是蓝色基调特色突出。旅游资源的形成和独特的自然地理环境密不可分。因受地理纬度、大地构造、海陆关系等因素的综合作用，各地区自然资源之间必然产生地区差异。中国特殊的地理位置造就了其体育旅游资源具有明显的蓝色基调特色，表现之一是蓝色主调的海洋特色显著。中国海岸线绵长，总长度达 3.4 万公里，其中大陆海岸线 1.8 万公里，岛屿海岸线 1.6 万公里。在此基础上适合体育旅游开发的资源丰足，已经成功开发了优质沙滩、海水浴场与奥帆基地等世界闻名的体育旅游目的地。表现之二是蓝色主调的内陆湖泊丰富，如国内五大淡水湖，鄱阳湖、洞庭湖、太湖、洪泽湖和巢湖都适合体育旅游开发，或适合生态健身游，或适合龙舟体育赛事等的旅游开发。

第三是历史文化特色突出。旅游资源的独特性除了和自然地理环境相关，和人文环境也密不可分。一方面人类活动受地理环境的影响与限制，另一方面人类活动也在不断地改造着生活环境，因此旅游资源文化性同样具有地域性特色。中国有着悠久的历史文化，其中孕育的体育旅游文化思想与实践也是悠久而独特的，如儒家思想孕育了包括体育旅游思想与实践在内的休闲旅游观，开放而具有竞争性的齐文化孕育了蹴鞠活动，长期历史积淀形成龙舟竞渡文化等。这些悠久的体育历史文化对现代旅游者有极高的吸引力，不仅可以唤起人们寻奇访古之情，深入了解与理解我国体育的发展，而且可以激发旅游者的责任感和历史感。

第四是国际性、时代性特色突出。在经济全球化、文化全球化的背景下，开放的中国敞开怀抱，容纳百川，与世界共享体育旅游资源。越是民族的就越是世界的，我国众多体育旅游资源由于其独具的丰富的民族文化内涵而能够长久地保持旺盛的生命力，它们不仅是祖国灿烂文化的重要组成部分，同时也成为当代得天独厚的国际旅游资源，如龙舟竞渡、蹴鞠活动等。这些体育文化能够较好地开发为国际赛事或旅游表演项目，如潍坊国际风筝节、中国传统体育国际锦标赛等国际赛事的开发，较好地体现了我国体育旅游资源的国际性与时代性特色。

第二节 体育旅游目的地建设

体育旅游目的地是指具有一定体育旅游资源、旅游者可在其进行体育旅游活动的旅游基础设施和旅游服务设施以及环境要素的特定区域，它的内涵也会随着体育旅游普及化、休闲化、智慧化和全域化的发展趋势而变得更为丰富。体育旅游目的地作为体育旅游爱好者出行选择游览的一个区域的合集，其建设是一项系统工程，不仅要构建良好的体育旅游项目与美食、美宿、美购等多种要素集成的产业链，而且涉及环境、交通、平台、营销、监管、服务等基础配套和环境治理等因素，同时其建设是一项持久工程，从投资建设到建成运营需要较长周期。比较而言，体育旅游目的地具有一定的特殊性，如一些特殊赛事体育旅游目的地远离市区，需要更好的基础设施与交通条件，一些体育旅游产品对安全性有着更高的要求，因此体育旅游目的地的建设状况直接影响到体育旅游项目能否顺利开展、参与人数和旅游安全等。当前我国各级、各地政府十分重视体育旅游目的地的建设，并通过整合资源、加大投入等方式大力推动其建设发展，并取得一定成效。

一、体育旅游产品开发

体育旅游产品体系逐步完善。体育旅游产品是旅游目的地发展的基础与核心，也是其吸引力的载体，更是影响旅游目的地发展的重要因素。当前体育旅游目的地颇为重视产品的开发完善，各地区都在努力打造体育旅游精品景区、体育旅游精品线路、体育旅游精品赛事与体育旅游精品目的地，并逐步形成了相对完善的具有地方特色的体育旅游产品体系。如自 2015 年起贵州省体育局就按照《贵州省"十三五"体育发展规划》的安排，深耕体育旅游工作，实施 100 个生态体育公园、100 个汽车露营基地、100 条体育旅游精品线路建设计划，持续推动体育旅游产品的开发。开发过程中以山地体育旅游产品特色为主，以"万峰林山地户外极限探险体育旅游区、赤水河谷户外体育旅游区、环雷公山民族体育旅游区"三大引领核心区，以及"大黄果树极限探险体育旅游区、贵阳—贵安城市体育旅游区、海龙屯军体户外体育旅游区、凉都避暑—冰雪体育旅游区、环梵净山户外康体体育旅游区、百里杜鹃山地休闲体育旅游区、天坑山地户外极限体育旅游区"七大特色区域，形成覆盖贵州全省的山地体育旅游聚集区。①山东省沿海地区结合碧海、沙滩等特色资源，开发设计以帆艇为主的海滨特色旅游线路和海上体育旅游项目，并努力将其打造成为国内外具有较强影响力的体育旅游目的地和大型海上运动平台。其他地区也结合自己的特色资源打造优质体育旅游产品体系。

---

① 罗羽：《贵州出台规划探路体育旅游融合发展》，新华网体育，http://sports.xinhuanet.com/c/2019-11/28/c_1125281252.htm，最后访问日期：2019 年 12 月 10 日。

近年来我国体育旅游产品在数量不断增加的基础上培育出更多精品。2016 年推选出体育旅游十佳精品景区、线路、赛事和创新项目各 10 个，精品景区 59 个，精品线路 30 个，精品赛事 54 个。[①]2017 年 180 个体育特色鲜明、旅游要素丰富、文化内涵深厚、具有引领带动作用的地区和项目入围中国体育旅游精品项目名单，并在此基础上分类推选 36 个体育旅游十佳精品项目（包括景区、线路、赛事、目的地）。[②]2018 年全国申报体育旅游精品项目的数量为 969 个，其中景区 328 项、线路 129 项、赛事 393 项、目的地 119 项，申请项目的覆盖范围和项目数量均创历史新高。最终 222 个精品项目入围名单，并在此基础上推选出 40 个体育旅游精品项目。此外，有 9 个项目获得"中国体育旅游博览会连续 3 年体育旅游精品项目"称号。[③]2019 年全国共推选出 245 项中国体育旅游精品项目，并在此基础上分类推选出 40 项十佳景区、线路、赛事和体育旅游目的地。[④]2020 年经过评选，在全国范围内共推选出 190

---

① 赵宇清：《2016 中国体育旅游精品项目授牌仪式举行》，新疆网，https://www.sohu.com/a/113418213_118570，最后访问日期：2019 年 10 月 3 日。

② 伍策、鬼谷：《宁夏 8 个项目入选 2017 中国体育旅游精品项目》，中国网，http://travel.china.com.cn/txt/2018-01/04/content_50190952.htm，最后访问日期：2019 年 10 月 3 日。

③ 陈馥敏：《2018 体育旅游精品项目揭晓 40 个项目上榜》，金羊网，http://lvyou.ycwb.com/2018-12/13/content_30152489.htm，最后访问日期：2019 年 10 月 3 日。

④ 冯永生：《2019 中国体育旅游精品项目评选结果揭晓 云南 12 个项目入选》，云南网，https://yn.yunnan.cn/system/2019/11/28/030532234.shtml，最后访问日期：2020 年 10 月 7 日。

项中国体育旅游精品项目，其中景区 76 项、线路 27 项、赛事 73 项、目的地 14 项，分类推选出 54 个十佳体育旅游精品项目，包括十佳体育旅游精品项目 38 个和连续三年获得十佳的 16 个项目。① 更多优质体育旅游产品的推出对盘活体育旅游资源、推动体育产业提质增效、培育体育经济发展新动能、拓展体育经济发展新空间、实现全民健身和全民健康深度融合具有十分重要的意义。

当前运动休闲特色小镇旅游产品培育加速。国家和地方层面努力打造休闲特色小镇，国家已经将特色小镇上升到国家战略层面，地方政府纷纷推出自己的特色小镇建设计划，运动休闲特色小镇迎来建设高潮。2016 年住房城乡建设部、国家发展改革委、财政部联合发出《关于开展特色小城镇培育工作的通知》，提出即日起在全国范围内开展特色小城镇培育工作，到 2020 年争取培育 1000 个左右各具特色、富有活力的特色小镇。国务院办公厅出台的《关于加快发展健身休闲产业的指导意见》中提出，以健身休闲重点运动项目和产业示范基地等为依托，鼓励地方积极培育一批以健身休闲为特色的服务贸易示范区。从国家到地方正在紧锣密鼓建设各类特色小镇，为运动休闲小镇建设发展带来了良好机遇。浙江省政府提出"培育创建一批体育特征突出、产业基础较好、

---

① 中国体育博物馆：《2020 中国体育旅游精品项目发布》，中国奥委会官网，http://www.olympic.cn/museum/news/benguan/2020/1229/371701.html，最后访问日期：2021 年 1 月 12 日。

产业融合潜力较大的特色小镇"，如湖州德清县莫干山"裸心"
体育小镇、绍兴市柯桥区酷玩小镇、嘉兴海宁市马拉松小镇
等。江苏省体育局印发《省体育局关于开展体育健康特色小
镇建设工作的通知》《省体育局关于做好体育健康特色小镇共
建推荐工作的通知》，启动江苏体育健康特色小镇建设工作。
在 2016 年江苏省体育局与南京市汤山温泉旅游度假区、南京
市高淳区桠溪镇、昆山市锦溪镇等首批 8 个体育健康特色小
镇所在县（市、区）政府签署了共建协议，以省地共建模式
在全国率先启动体育健康特色小镇建设。[①] 随着体育运动全民
化、生活化，运动休闲特色小镇成为体育产业的新业态，各
地区集中推出特色各异的运动休闲特色小镇，其数量持续增
长。国家体育总局公布的第一批 96 个运动休闲特色小镇试点
项目名单涵盖 29 个省。2019 年国内运动休闲特色小镇数量将
超 130 个，投资规模将近 5000 亿元。[②] 运动休闲特色小镇的
体育旅游产品类型也更加多样，其中冰雪小镇体育旅游产品
更是借助第二十四届冬奥会的筹办得到快速开发，不少城市
借此大力发展冰雪小镇旅游，打造"冰雪之城"成为很多北
方城市的发展目标之一。2017 年国内已建成 26 个特色冰雪小
镇，2020 年中国冰雪小镇数量将达到 40 个，迎来冰雪项目旅

---

① 周娴：《打造体育健康特色小镇 助力"强富美高"新江苏》，新华报业
网，https://js.qq.com/a/20161109/005687.htm，最后访问日期：2018 年 2 月 12 日。
② 中商产业研究院：《特色小镇政策解读：〈运动休闲特色小镇试点项目
建设工作指南〉指明哪些方向？》，中商情报网，https://www.askci.com/news/
chanye/20190325/1011431143735_4.shtml，最后访问日期：2019 年 9 月 14 日。

游市场的爆发期，加速特色冰雪小镇体育旅游产品的开发与完善。①

二、体育旅游目的地基础设施完善

体育旅游目的地基础设施状况是体育旅游活动顺利开展的重要条件之一，其完善程度是衡量旅游目的地的重要发展潜力指标，主要由交通、住宿等设施配备组成。当前体育旅游目的地的交通基础设施不断完善。体育旅游的异地性首先表现为体育旅游者地域空间的移动，因而旅游交通成为必不可少的要素，贯穿体育旅游活动的始终。旅游交通使客源地和旅游目的地的空间相互作用成为可能，使旅游目的地完成"出售"体育旅游产品的过程，使旅游得以实现体育旅游价值和服务价值，因此高速快捷的交通基础设施既是一个国家的重要"骨架"构成成分，也是体育旅游快速发展的重要助推力和得以顺利实施的基础。Funk 和 Bruun（2007）研究发现，马拉松赛事举办地的交通、住宿等方面的体验也是马拉松赛事旅游者的主要动机。② 当前中国交通基础设施发展取得的巨大成就为体育旅游发展奠定了良好的基础。我国航空运输基础设施不断跨越新台阶，2019 年中国共有 228 个已获颁证的通用

---

① 秋白:《〈2018 中国冰雪产业白皮书〉: 2020 年冰雪市场规模将达到 6000 亿元，2025 年 1 万亿目标可期》，搜狐网，https://www.sohu.com/a/217740572_482792，最后访问日期: 2019 年 12 月 11 日。

② D. C. Funk & T. J. Bruun, "The Role of Socio-Psychological and Culture-Education Motives in Marketing International Sport Tourism: A Cross-Cultural Perspective," *Tour Management*, 2007, Vol.28, No.3.

机场，是 2017 年的 3 倍，计划到 2035 年达到 450 个航线机场，航空运输能力将得到极大提升。另外，中国已建成世界上规模最大的高速公路系统，高速公路网构成了放射线与纵横网格相结合的格局，"截至 2016 年年底，全国高速公路通车里程达到 13.1 万公里，已覆盖约 98% 的城镇人口 20 万以上城市"①。"到 2019 年年底，中国铁路营业里程达到 13.9 万公里以上，其中高铁 3.5 万公里，居世界第一。"②

　　除了交通基础设施的建设，其他相关基础设施的完善程度也是影响体育旅游发展的重要因素，在政府规划和相关资金的支持下相关基础设施建设速度加快。Kruger 和 Saayman（2012）认为马拉松赛事观赛者创造难忘的观赛经历的重点为设施、舒适度和知名度、营销、服务人员、食物和饮料，其中设施和营销最为重要。③何楚汐（2016）用因子分析法，最终提取出旅游目的地形象、主观印象、旅游体验质量和基础设施条件是影响大学生旅游目的地选择的四个公因子。④当前全国各地或通过城市规划或通过旅游专项基金等大力促进体育旅游

<hr />

① 齐中熙：《我国高速公路通车里程超 13 万公里》，中国日报中文网，http://china.chinadaily.com.cn/2017-07/18/content_30147537.htm，最后访问日期：2021 年 1 月 12 日。

② 齐慧：《我国高铁营业里程年底将达 3.5 万公里》，中国经济网，http://www.ce.cn/xwzx/gnsz/gdxw/201911/23/t20191123_33684435.shtml，最后访问日期：2020 年 12 月 23 日。

③ M. Kruger & M. Saayman, "Creating a Memorable Spectator Experience at the Two Oceans Marathon," *Journal of Sport & Tourism*, 2012, Vol.17, No.1.

④ 何楚汐：《大学生旅游目的地选择的影响因素分析》，《经济管理》2016 年第 3 期。

相关设施的建设。如山东省借助 2009 年全运会的召开，通过一系列的城市规划建设来改善赛事举办地基础设施，2009 年第十一届全运会累计投资超过 2000 亿元，绝大多数投资在城市建设和交通建设上，济南市城市基础设施投资达 1400 多亿元，场馆建设总投资为 105 亿元。[①]为了打造精彩圆满的第十四届全运会，西安市加快提升城市规划建设。在加快"三中心"项目主体建设的同时，西安市还围绕西安奥体中心外围基础设施、交通路网提升改造，加快推进城市道路快速化等一批配套交通项目，并扩建了国际机场工程，为第十四届全运会顺利举办做好保障服务，为赛中消费者的观赛和赛后体育旅游创造了更便利的基础设施条件。[②]2015 年下半年以来国家将旅游项目纳入专项建设基金支持领域，国家专项基金已安排三批共 298.27 亿元支持旅游基础设施建设，这批基金主要用于旅游重大项目的基础设施和公共服务设施建设。[③]2018 年贵州省投入旅游发展基金 7300 多万元补助旅游厕所建设。[④]

---

①　张曙光：《全运会背后的钱经：总投资达 2000 亿收益超 7 亿》，水母网，http://news.shm.com.cn/2009-12/26/content_2776902.htm，最后访问日期：2020 年 6 月 23 日。

②　张晖：《第十四届全运会开幕倒计时 120 天 西安市十四运会场馆和城市基础设施建设跑出"西安速度"》，西安网，http://o.xiancity.cn/system/2021/05/19/030845451.shtml，最后访问日期：2021 年 6 月 2 日。

③　徐慧、张致宁：《国家旅游局：120 亿旅游基建基金申报启动》，北京商报，https://www.bbtnews.com.cn/2016/0408/144624.shtml，最后访问日期：2019 年 11 月 17 日。

④　伍策、高峰：《去年贵州接待游客 9.67 亿人次 同比增长 30%》，贵州网，http://news.gzw.net/2019/0124/1338288.shtml，最后访问日期：2019 年 10 月 31 日。

近年来，随着体育旅游的快速发展和行业竞争的加剧，体育旅游目的地逐步意识到提升旅游目的地建设的重要性，纷纷采取多项措施来完善体育旅游目的地相关基础设施，除了促进旅游目的地的交通设施建设，宾馆、卫生、厕所、餐饮等公共服务设施得到极大改善。地方政府把提高体育旅游相关公共服务作为政府工作的重要内容，旅游目的地厕所配备、民宿、旅舍数量不断增多。2014 年国务院出台《关于加快发展体育产业促进体育消费的若干意见》，明确规定鼓励在有条件的地方制定专项规划，引导发展户外营地、徒步骑行服务站、汽车露营营地、航空飞行营地、船艇码头等设施。[①]2017年国家旅游局和国家体育总局强调加快体育旅游目的地消费者集散中心、公厕、标示标牌、停车场等公共服务设施建设，推进体育旅游公共服务平台建设，更好地提供信息咨询、线路设计与交通集散等服务。[②]同年国家旅游局、国家体育总局联合发布的《"一带一路"体育旅游发展行动方案》中，强调对"一带一路"沿线体育旅游设施进行统一配套建设旅游咨询中心、旅游厕所、停车场等旅游公共服务设施，推进体育

① 国务院：《国务院关于加快发展体育产业促进体育消费若干意见》，国发〔2014〕46 号，中国政府网，http://www.gov.cn/zhengce/content/2014-10/20/content_9152.htm，最后访问日期：2020 年 12 月 21 日。
② 国家旅游局、国家体育总局：《国家旅游局 国家体育总局关于大力发展体育旅游的指导意见》，旅发〔2016〕172 号，国家体育总局，http://www.sport.gov.cn/n316/n336/c781832/content.html，最后访问日期：2019 年 12 月 24 日。

旅游设施建设。①

当前大中城市体育旅游基础设施建设较为完善，参与者满意度较高。即使是一些在山区、偏远地区的特殊体育旅游目的地基础设施建设也不断加快速度，并取得较好的成效。如太舞滑雪小镇，附近有高铁和高速公路，一期就建成不同级别的酒店、山地温泉、KTV、小剧院、商街、餐饮、酒店式公寓等，以满足消费者的多种需要；亚布力滑雪旅游度假区则长期获得政府大量财政投资，以不断改善基本设施（如公路、供电、供水、排污和废物处理等）。②

三、体育旅游目的地环境建设

旅游环境是旅游业发展的重要基础。旅游环境的好坏直接影响到体育旅游目的地建设和体育旅游的可持续发展。环境因素主要包括了声、水、大气环境和自然灾害、文化氛围、政策支持、地区经济发展水平及居民好客程度等自然和人文因素。

环境因素与体育旅游发展是相互制约、相互促进的关系，环境因素制约着旅游者的参与状况，旅游者的参与状况促进或制约着体育旅游目的地的环境建设。Clàudia（2016）研究

---

① 王辉：《国家体育总局、国家旅游局联合发布〈"一带一路"体育旅游发展行动方案〉》，人民网，http://sports.people.com.cn/n1/2017/0707/c412458-29389103.html，最后访问日期：2019 年 9 月 29 日。

② 裴艳琳：《滑雪体育旅游市场营销策略的实证研究》，复旦大学硕士学位论文，2010，第 10 页。

发现赛事地理区位、目的地天气等是影响参赛旅游的主要原因。[①]体育旅游发展过程中环境因素的改善与合理的利用越来越得到重视。体育旅游是体育和旅游结合的一种旅游方式，更强调环境因素的影响，如以水上运动为主的体育旅游要强调水体的洁净程度、透明度，以山体运动为主的体育旅游要重视大气环境和自然灾害及季节气温和湿度等因素。在体育旅游目的地建设过程中，各部门要高度重视环境因素影响的重要性，并努力推动环境因素的改善。山东省围绕2009年第十一届全国运动会的举办，大力推进城市规划建设迈上新台阶、再上新水平，全面实施提升省城形象的环境改善工程，在济南实施大明湖扩建、千佛山景区保护性开发建设、小清河综合治理工程、新建污水处理厂及搞好市区主要道路两侧绿化、修复重点区域破损山体等一系列环境改善措施，大大改善了济南市水、空气污染等问题，为人们的体育旅游活动提供更安全便利的保障。为做好2019年广州国际龙舟邀请赛期间的水域保障工作，市区城管部门全力将水域环境卫生和综合整治保障任务做好做细，有效防范和应对因恶劣气象条件引发的水域环境卫生问题，比赛当日共调配113艘船只投入清洁保障。[②]自然环境改善措施的实施是与政府政策的大力支持分

① Clàudia Sáez de Soto, *Sport Tourism in Barcelona: The Zurich Marathon Case Study*, Ramon Llull University, 2016, p. 3.
② 冯艳丹:《广州国际龙舟邀请赛顺利举行，113只船保障水域清洁》，南方日报，http://gz.southcn.com/content/2019-06/16/content_187978169.htm，最后访问日期：2020年9月25日。

不开的。近年来促进体育旅游发展的相关政策文件不断推出，针对旅游目的地环境建设的利好政策也不断推出，为体育旅游发展创造了良好的社会环境，为其快速发展保驾护航。

作为核心利益相关者，旅游目的地的居民是否支持体育旅游目的地的发展直接关系到旅游地的建设状况。研究者发现旅游业的发展不仅仅是当地政府与开发商的事情，而且需要旅游地居民的积极参与和支持。Brown(2007)研究悉尼奥运会举办方的好客度对当地旅游地形象的影响，发现旅游者们对悉尼的各种接待活动有着良好的印象，这使得他们愿意再次造访澳大利亚，并把悉尼介绍给其他人。[1]多年来的发展经验也表明，正是在当地居民的支持、合作和参与下，旅游目的地的建设才得以顺利进行，提升当地居民热情好客程度，会直接影响消费者的旅游体验，从而影响旅游者旅行满意度和忠诚度，增加他们的二次旅行和推荐他人来旅行的意愿。国内一些研究也表明旅游与居民的密切关联，居民生态旅游正面影响感知对旅游发展的态度和参与行为有显著正面影响，居民对生态旅游负面影响的感知对居民的态度无显著影响，但对居民的参与行为有显著正向影响，居民对生态旅游发展的态度对其参与行为有显著正向影响。[2]如果体育旅游能够带

---

[1]　Graham Brown, "Sponsor Hospitality at the Olympic Games: An Analysis of the Implications for Tourism," *International Journal of Tourism Research*, 2007, Vol.9, No.2.

[2]　卢小丽:《居民旅游影响感知、态度与参与行为研究》,《科研管理》2012年第10期。

动当地居民致富，体育旅游的发展能够促进地方经济的发展，增加居民收入，或者为当地居民提供优质的就业岗位，从而达到致富的目的，那么当地居民对体育旅游致富的知觉整体就较高，会更加支持体育旅游目的地的建设。[①]

四、体育旅游目的地管理模式

旅游目的地管理情况是旅游活动顺利开展的重要支撑，高效科学的旅游目的地管理体系是加快旅游目的地建设的重要保证。当前体育旅游的快速发展也对旅游管理提出了更高的要求，体育旅游目的地管理不再仅限于治安管理、交通疏导及相关政策的制定等，而是需要更密切地了解旅游者的旅游目的与要求，针对性地提升管理服务水平。

纵观国内外旅游目的地的管理模式，主要有三类：政府主导型、市场主导型和两者结合型。政府主导型的管理模式是指在从基础设施的投入到日常的管理运营过程中，政府为管理主体；市场主导型管理模式是指在地区旅游产业得到初步发展、基础设施配置具备一定基础后，市场开始对旅游业的发展发挥主要管理作用；二者结合型的管理模式是指在旅游目的地建设发展过程中，政府负责宏观调控管理，市场负责具体监管运作。长期以来体育旅游发展目的地的服务供给主要由政府来提供，现在则更多地引入市场机制，从目的地的开

---

① 熊恬：《汉中市体育旅游带动当地居民致富的研究》，西安体育学院硕士学位论文，2015，第19—21页。

发到日常的组织管理，社会组织介入程度不断提升，当前体育旅游目的地服务单元的政府供给模式逐渐减少，更多的是双元或多元供给模式，增强了旅游管理的复杂性。单元供给模式中的政府不仅承担旅游服务体系建设的资金，还要直接组织生产，进行服务，这种模式下政府精力和财力的有限性，导致服务供给垄断地位资源配置较低，提供产品质量和服务水平难以较大提升。而政府与市场或社会合作共同服务管理的模式既可以节省资金和时间，还可以大大提升管理效率和质量，有利于资源的更好配置。如以前多由政府提供体育赛事场馆，现在开始倾向于采用PPP模式，并取得了一定成功。当前PPP投资管理模式已扩展到多种体育旅游目的地的建设与管理中。2022年冬奥会延庆赛区由政府和社会资本合作建设，所有建设项目均采用PPP模式，由政府和社会主体共同投资、社会主体负责建后管理运营；长白山保护开发区管委会积极创新、勇于探索政府和社会资本合作的模式，进行合同制管理，采取"管办分离"方式，引进、联合、引导有实力的企业发展体育产业，突出市场化运作，深度挖掘衍生产品，转变政府职能，提供服务做好基础性保障工作，把委托运作机制引入体育赛事的举办，不断打造国际体育赛事品牌，高频次多种类地举办体育赛事，如TNF100国际越野挑战赛、雪地汽车拉力赛、雪地摩托车赛、林海雪原越野、徒步赛和汽车房车集结赛等，吸引来自世界各地的运动爱好者携亲带友，流连于长白山。① 这种二元模式既解决了政府人员少、精力有限、方式不灵活等诸多问题，又减少了政府的资金投入，同时也更好地促进了体育旅游目的地的更高效的管理运营。

第三节　体育旅游市场营销

随着经济的发展与人们对体育旅游产品需求的增多，地方政府和旅游企业也都加大力度充分挖掘和发挥地方体育旅游资源优势，着力增加体育旅游产品供给，不断满足人民群众多层次、多样化的体育旅游需求，体育旅游产品更为丰富多样。如何把优质体育旅游产品信息更好地传达给消费者，如何让消费者更多地了解并多次购买体育旅游产品，如何增加体育旅游市场销售额、拓展新的市场空间，是摆在当地政府、协会与企业等面前的重要课题。

一、体育旅游目标市场营销与营销策略

（一）体育旅游目标市场营销

在现代营销理论中，市场细分、目标市场、市场定位是构成公司营销战略的三大核心要素，统称 STP 营销理论。市场是一个多层次、多元化的消费群体，任何企业不能完全满

---

① 韩金祥：《长白山向"旅游＋体育"融合发展国际化迈进》，中国日报中文网，http://jl.chinadaily.com.cn/2018-06/14/content_36388252.htm，最后访问日期：2020 年 4 月 23 日。

足市场中的所有消费者，因此，进行市场细分是进行有效营销的第一步，第二步是确认目标市场，第三步则是市场定位。具体而言要根据市场消费者需求差异因素，将市场划分为若干子市场，并针对细分后的市场设定目标，进行一系列的目标规划，确定自己产品或服务在目标市场上的竞争地位，从而才能针对各目标市场运用恰当的营销策略以满足消费者需求，取得更好的销售效果。

旅游市场细分就是在区别消费者不同需求的基础上，根据消费者购买行为的差异性，把整体旅游市场分成两个或两个以上具有类似需求和欲望的消费者群体。市场细分不仅有利于识别和发掘旅游市场，开发旅游新产品，而且有利于针对性地制定和调整旅游市场营销组合策略以取得良好的经济效益。早在20世纪六七十年代，就有许多专家提出多种市场细分方法与类型，但由于市场需求的变化发展，他们提出的分类方法很难具体应用于当代的市场营销之中。后来科勒特提出了更为适用的分类体系，地理、人口、心理和行为四个方面的分类成为经典的市场细分标准。做好体育旅游产品的营销、做强体育旅游产业须向市场细分处发力，区分不同的体育旅游消费群体，实施针对性的营销，既能规避市场风险，又能带来更好的效益。

当前体育旅游销售市场同样也进行着各种市场细分确认、定位，从而准确选择目标客源，做出更科学合理的营销策略。其一是按性别细分、定位。男性是当前参与体育旅游消费的主要群体，也是体育旅游市场营销的目标客源。在当前的各类体育旅游参与群体中，男性参与比例相对较高，如"海南体育旅游者构成中男性消费者占 65.6%，女性消费者占 34.4%" [1]；贵州省民族特色体育旅游消费者中男性占 54.5%，女性占 45.5% [2]。在高端体育旅游群体中，男性占到了 58.9%，女性占 41.1%。[3] 另外调查数据显示，在互联网体育用户中，"有近 8 成用户为男性用户，女性用户占 2 成" [4]，互联网作为政府和企业体育旅游产品营销的重要手段，有意或无意地使广大男性成为主要营销对象。

其二是按区域细分、定位。经济发达的一、二线城市或东部沿海城市居民是众多旅游企业市场拓展的主要目标客源。一方面，这些城市经济较为发达，居民收入较高，有着更好的体育参与的经济和思想基础。随着消费结构不断升级，体育旅游成为旅游消费的新热点，这些地区的居民更容易成为潜在体育旅游消费者。另一方面，这些城市体育设施较为完善，便于开展国际性或国内大型体育赛事，激发居民观赛热情。一项研究表明，当前经济发达的大中城市居民体育旅游

---

[1] 夏敏慧、田晓玉、王辉等：《体育旅游者行为特征的研究——以海南为例》，《沈阳体育学院学报》2015 年第 1 期。

[2] 吴小淼、王召令：《贵州省民族特色体育旅游消费者现状调查》，《贵州师范学院学报》2011 年第 6 期。

[3] 赵金岭：《我国高端体育旅游消费群体特征分析》，《商业经济研究》2015 年第 3 期。

[4] 速途研究院：《2017 年中国互联网体育市场报告：8 成男性用户，篮球赛事最受欢迎》，中商情报网，https://www.askci.com/news/chanye/20170920/150639108150.shtml，最后访问日期：2021 年 3 月 23 日。

参与率较高，上海、广州、北京、南京、杭州、大连等城市体育旅游热情最高，①众多企业在市场营销拓展过程中也更注重这一部分群体。如"炎尔体育一直将市场重心布局在一线城市，北京、上海、广州、深圳，已经在这几个城市的观赏型旅游产品占有较大市场份额。"②

最后是按年龄细分、定位。中年和青少年群体是体育旅游参与的主体，他们具有一定的经济基础和较好的体育活动水平，是体育旅游产品主要的购买者。"我国滑雪旅游者的年龄分布比较集中，18—39 岁的滑雪旅游者占总比重的83.57%。"③一项高端体育旅游消费调查表明，31—50 岁的消费者占 46.9%。④参加徒步旅游的人群中，41 至 60 岁的消费者最多，占比高达 68%，其次是 22 至 40 岁的青年人，占比24%。⑤

多项调查数据表明，体育旅游消费正呈现以上性别、年龄和区域集中的特点。性别上，男性占比 54%，女性占比 46%。

---

① 陈乐：《80 后引领体育旅游热 山地户外运动最受欢迎》，新浪网，http://sports.sina.com.cn/outdoor/2016-10-12/doc-ifxwrhpm3039072.shtml，最后访问日期：2012 年 1 月 15 日。

② 王磊：《炎尔体育旅游产品营销策略研究》，广西大学硕士学位论文，2016，第 10 页。

③ 张璐：《崇礼 W 滑雪场营销策略研究》，北京交通大学硕士学位论文，2019，第 33 页。

④ 赵金岭：《我国高端体育旅游消费群体特征分析》，《商业经济研究》2015 年第 3 期。

⑤ 佚名：《〈2017 中国徒步旅游分析报告〉发布 中年人成消费主力》，新华网，http://www.xinhuanet.com/travel/2018-03/27/c_1122594363.htm，最后访问日期：2019 年 4 月 23 日。

而年龄上，在25—45岁之间、具有一定收入能力的中青年是主要的消费群体；[①]体育旅游市场逐年扩大，用户以80后、90后居多，80后占比最大，其中85%是男性。上海、广州、北京、南京、杭州、大连等城市体育旅游热情最高。[②]这三类群体也成为当前体育旅游市场营销中的重要目标客源。

（二）体育旅游市场营销策略

"市场营销策略是指企业以消费者需求为出发点，根据自身内部资源状况、战略规划和外部竞争状况等，有计划地组织各项经营活动，通过相关策略满足消费者需求、实现企业目标的过程。"[③]它是制定企业战略性营销计划的重要组成部分，其实质就是企业开展市场营销活动的总体设计。市场营销策略目的在于充分发挥企业优势，增强竞争能力，更好地适应营销环境变化，以较少的营销投入获取最大的经济效果。1960年杰罗姆·麦卡锡将营销要素概括为产品、价格、渠道和促销，提出著名的4Ps理论。产品指注重开发的功能，把产品的功能诉求放在第一位。价格策略指根据不同的市场定位，制定不同的价格，定价依据是企业的品牌战略。渠道指企业注重经销商的培育和网络的建立等。促销策略指企业以短期

---

① 林维：《调查报告显示：中国体育旅游悄然兴起》，凤凰网，https://news.ifeng.com/c/7fag5ONfUOc，最后访问日期：2019年12月12日。

② 前瞻网：《国家政策再加码，我国体育旅游产业将迎爆发性增长》，亿欧网，https://www.iyiou.com/analysis/2016112535028，最后访问日期：2019年7月9日。

③ 徐小洲主编：《创业概论》，教育科学出版社，2017，第184页。

的行为促成消费的增长。当前随着体育旅游市场的不断成熟，形成了较为成熟的产品、价格、分销和促销策略，更好地销售体育旅游产品。在体育旅游目的地建设部分已对旅游产品的多样性、精品化开发等有详细的阐述，现重点分析价格、分销和促销三部分。

价格策略是指企业通过对顾客需求的估量和成本分析，选择一种能吸引顾客、实现市场营销组合的策略。价格是商品质量的标志之一，反映出企业形象、产品质量和信誉等，其高低决定了消费者对该商品的认同度和购买量，决定了该商品市场的前途。定价既要考虑盈利，又要考虑消费者的消费能力，以及与同等产品的竞争情况，是市场营销组合中最难以确定的因素，常常是影响交易成败的重要因素。体育旅游产品价格的高低也要受到市场需求、成本费用和竞争状况等多种因素的影响，定价策略应充分综合考虑这些因素。Spring（1996）认为欧洲滑雪者数量下降的主要原因是费用过高，Williams 和 Basford（1992）通过对非滑雪市场的研究，发现滑雪费用及对滑雪运动安全的担忧是阻碍消费者参与滑雪运动的两个最大因素。[①] 与普通的观光旅游产品相比，体育旅游产品价格普遍高于常规旅游产品。一项数据显示，在户外游产品价格上，国内游的人均旅游产品消费在 5000 元左右，出境游人均旅游

---

① 转引自程虹：《太舞滑雪度假区营销策略的研究》，北京体育大学硕士学位论文，2018，第 9 页。

产品消费约 10000—20000 元。[①] 目前像高尔夫和滑雪类的旅游项目，由于旅游目的地建设费用高，且会为消费者提供交通、食宿这些基本旅行服务以及专业教练等在内的一站式服务，总体来说价格更高，而以登山、骑行或徒步等为代表的健身类体育旅游，平均花费相对较低。要想让更多的群体参与到体育旅游中来，价格策略考量是必不可少的。当前同类体育旅游产品的快速增多造成客源竞争，价格战成为常用的营销方式。

发展多渠道营销对企业营销效果影响至关重要。当前快速发展的网络分销渠道大大加强了企业与消费者的沟通，有利于企业取得较好的分销效果。这种分销渠道中的网络营销是指以现代营销理论为基础，借助网络、通信和数字媒体技术等实现营销目标的商务活动。随着市场经济和体育旅游的快速发展，单一营销模式已经无法适应市场和消费者的需求，因此实现多渠道营销是推动体育旅游产品销售的重要突破，在传统营销的基础上发展网络营销能够大力推动产品的销售和促进销售方和消费者的沟通。传统营销主要是指报刊、电视广播和旅行社等提供的线下营销，这种营销渠道更注重报刊的发行量、电视广播的收视率或收听率等，主要是以单向输出的宣传方式以获取更多的购买客户和潜在购买用户。与传统

---

① 王真真:《文化旅游渐成"新宠"，体育赛事旅游预订同比增长 72%》，新京报，https://www.bjnews.com.cn/detail/157192163314542.html，最后访问日期：2019 年 12 月 4 日。

营销不同的是，网络营销传播速度加快，受众之间的互动传播从集中到扩散，能快速地拉近企业与消费者的距离。[①] 互联网独特的便利性、互动性、网络化和虚拟化的特点，为市场营销带来了更多优势，如低成本传播资讯到听众、观众手中，同时能引起双方面的互动性，进而深入了解用户需求和目的，增强与客户的互动性，精准定位受众，从而降低成本和提高市场占有率。多种形式的交互传播不仅有利于快捷高效地形成口碑、树立品牌形象，而且能提高客户满意度和忠诚度。研究表明互联网是广州市体育旅游消费者信息的主要来源。[②]

　　当前对体育旅游产品进行宣传销售的互联网平台主要包括：官方网站的运营、微媒体的运用（微博、微信平台为主）、网络直播的协同运作等。各平台围绕互动、趣味、个性化展开营销，使消费者在想法、感受以及行动上参与到体育旅游产品的购买中来。当前两种营销模式多是组合使用，以期得到更好的销售效果。中旅体育旅行社网络营销中心实现了将旅行社业务与网络业务的联结，以现代化的营销渠道为体育旅游爱好者提供高效、专业的服务，实现对目标市场和客户群体的细分，在大力发展原有产品业务的基础上，快速扎实地启动对国内体育旅游团队和散客产品的网上代理业务。德盈体育文化发展有限公司旗下"观赛日"项目，专注于体育

　　[①] 卢金荣、薛程：《基于新媒体营销的旅游产品知识平台构建》，《牡丹江师范学院学报（哲学社会科学版）》2018年第5期。

　　[②] 叶艳霞：《体育旅游消费者行为研究——以广州为例》，华南师范大学硕士学位论文，2006，第45页。

赛事门票预订和体育旅游定制服务，汇聚了全球热门赛事的门票资源，编织成一个庞大的体育票务合作网络，人们可以更方便地订购国内外热门赛事门票，包括五大联赛、中超、CBA、格斗、赛车、网球、高尔夫等赛事。

互联网介入体育旅游产品的营销过程之中，既有利于企业与消费者的沟通互动，又为消费者的购买提供了便利、降低了成本。但同时也应注意一些具有较高难度或危险性的特殊项目的营销，它们可能较大程度地依赖传统营销模式。如一项滑雪旅游产品分销渠道研究表明，排在首位的是旅行社和专业人士的建议，这更多地是由滑雪场员工、旅行社员工、滑雪教练等人完成。[①]

另外，产业链合作、打造目的地联合营销模式也是当前体育旅游产品营销的重要方法。产业链合作、目的地联合营销是指多个利益主体通力协作，共同开展目的地营销和促销。联合营销实施的主体，并不仅仅限于不同的旅游目的地之间，而且还可以包括同一旅游目的地不同部门之间、旅游目的地的上下游供应链环节之间、线上媒体和线下现场活动之间等。旅游目的地可以根据实际需要同产业链甚至产业链以外的多家企业建立合作营销关系，涉及不同的行业、地域和平台。2019年万龙度假天堂、北大湖滑雪度假区、亚布力阳光度假村、丝绸之路国际度假区和鳌山滑雪场五家滑雪场联合发布

---

① 裴艳琳：《滑雪体育旅游市场营销策略的实证研究——以亚布力为例》，复旦大学硕士学位论文，2010，第81页。

2022 联盟通滑卡，此联盟通滑卡的推出，可以让消费者通滑中国华北、东北、西北三大滑雪区域的五家雪场，正式组建了中国首个滑雪场联盟。①

体育节事促销是当前体育旅游市场拓展营销的重要方式，经常与广告营销结合运用，已经形成比较成熟的运作模式，多取得事半功倍的效果，且在国内海洋体育节、滑雪节和民俗体育节事等的营销中得到较好的体现。节事营销是指在节庆和特殊事件期间，利用消费者的节事消费心理，综合运用广告、公演、现场售卖等营销手段进行的产品、品牌推介活动，旨在提高产品的销售力，提升品牌形象。节事既是一种很好的营销载体，又是一种十分有效的促销方式。体育节事常常通过特定的仪式、围绕体育主题开展一系列活动吸引参与者。如"北京海洋沙滩狂欢节"依托各大电视播出平台，打造以夏日休闲、家庭娱乐、优质服务为特色的"城市消夏嘉年华"高端体育休闲品牌，策划各种丰富多彩的体育节事活动体验项目，如沙上飞、九宫格射门游戏、笼式足球、沙滩足球等10 多项休闲体育项目，开展体验营销以吸引更多参与者。作为河北省重大节庆活动之一——中国崇礼国际滑雪节，始创于 2001 年，每年一届，每一届滑雪节都是向京津乃至全国展示崇礼滑雪旅游发展的进程和成果、全面推介冰雪旅游产品

① 李铮：《一起滑向 2022，五大雪场联合发布 2022 联盟通滑卡》，新京报，https://www.bjnews.com.cn/detail/157412707814276.html，最后访问日期：2020 年 11 月 12 日。

的盛会，搜狐网、环球网、中国体育报、光明日报等业内外
多家主流媒体的关注聚焦更是扩大了滑雪节的节事营销效果。

二、政府、协会与企业合力促进

体育旅游产品的营销离不开政府、协会与企业三者的合力。2016 年国家旅游局、国家体育总局联合出台的《关于大力发展体育旅游的指导意见》明确提出，旅游部门和体育部门应加强合作，创新工作方式，形成工作合力，充分调动社会各方面的积极性，加快培育体育旅游消费市场，持续优化体育旅游供给体系。《意见》提出的保障措施之一是建立旅游部门与体育部门的紧密工作机制，加强对体育旅游项目的市场监督和安全管理；强调要坚持市场主导，政府扶持；鼓励引导社会资本以投资、参股、控股、并购等方式参与体育旅游产品开发和项目建设。[①] 以上规定或直接或间接地体现了包括市场营销在内的体育旅游市场的发展需要政府、协会和企业等主体的合力支撑。

当前政府、协会与企业合力促销的实践在体育旅游领域不断展开，并取得良好效果。2018 中国（阿克苏）体育旅游国际发展峰会暨首届中国月亮泊（阿克苏）生态徒步大会活动在新疆维吾尔自治区阿克苏市举行，活动由新疆维吾尔自治

---

① 国家旅游局、国家体育总局:《国家旅游局 国家体育总局关于大力发展体育旅游的指导意见》, 旅发〔2016〕172 号, 国家体育总局网, http://www.sport.gov.cn/n316/n336/c781832/content.html, 最后访问日期: 2019 年 12 月 24 日。

区体育局支持，阿克苏市人民政府、阿克苏地区文化体育广播影视局、阿克苏地区旅游局、华奥星空主办，会议上新疆维吾尔自治区航空运动协会、阿克苏市人民政府、华奥星空三方就"建设阿克苏市航空飞行营地"签署了战略合作协议。这是在政府、协会与企业三方合作基础上推动的更深入的共同发展活动，其他众多类似的体育旅游推介活动也体现着"政府搭台、企业唱戏"的合作营销模式。2019年中国龙舟公开赛四川·遂宁站是公开赛的首个站点，市委宣传部、市教育和体育局、市广播电视台等承办单位科学部署、强化协作，将赛事活动与遂宁城市营销、全民健身、产业发展紧密结合进行宣传与运作，量身定制了6道旅游"甜点"和4条旅游线路，消费者在观看比赛的同时，还能深度体验城市魅力，使其成为遂宁有史以来现场观看人数最多的文化体育活动，很好地将城市发展和赛事宣传营销融合在一起，推动遂宁休闲体育与城市特色相融相生。①第四届濮阳站龙舟大赛也是由河南省体育局和濮阳市政府主办，河南省社会体育管理中心、河南省龙狮龙舟运动协会、濮阳市文化广电旅游体育局、濮阳县政府、濮阳县体育局联合承办。在龙舟赛的承办过程中，政府、协会和企业等明确合理分工，努力将其打造成为濮阳当地的一项重磅赛事活动，带动更多的参赛队伍和观赏者的

---

① 邹霞：《2019中国龙舟公开赛首战遂宁的经验与启示》，遂宁新闻网，http://www.snxw.com/xwzx/ms/201905/t20190505_459092.html，最后访问日期：2019年5月24日。

加入。[①] 2016—2017 年黑龙江省冰雪赛事推介会的会议发言强调省体育局将逐步培养市场主体、培育市场氛围，并与企业界和社会组织形成多种合作模式，最终将形成政府、企业合作的新机制，取得社会效益和经济效益的双丰收。此次推介会除了大力推销、宣传黑龙江冰雪旅游项目，还促成了省体育局与齐齐哈尔市政府、哈尔滨体育学院、东北网等的多项合作协议。这几项战略合作协议的签署，创建了省地合作、政校合作、体宣合作的新蓝本，对于激发体育事业内生动力、增添体育产业发展动力具有特殊的重要意义。[②] 可以说，政府、协会和企业通过在体育旅游市场营销过程中的多次合作，既促进了体育旅游产品的销售，同时也推动了体育旅游管理模式的完善。

小　结

当前我国民俗体育类旅游资源、山体类体育旅游资源、水体类体育旅游资源、赛事类旅游资源等体育旅游资源丰富多样，具有突出的蓝色基调和历史文化特色，并体现着国际性

---

① 陈倩倩、卓先锋：《这里的龙舟赛，好热闹！》，濮阳市广播电视台，https://www.163.com/dy/article/FNKSIKTJ05500TXZ.html，最后访问日期：2020年 11 月 17 日。

② 李永江：《2016-2017 黑龙江冰雪赛事推介会在哈尔滨举行》，搜狐体育，https://sports.sohu.com/20160720/n460088353.shtml，最后访问日期：2019 年 3 月 15 日。

与时代性特色，这些多样且各具特色的体育旅游资源是我国体育旅游发展的基础。体育旅游目的地建设是体育旅游发展中的基础和重点，高效科学的体育旅游目的地建设是加快旅游发展的重要保证。国内各地区结合自己的特色资源不断打造优质的体育旅游产品，注重基础设施的建设和环境的改善，加快了体育旅游目的地建设。随着体育旅游市场的渐趋成熟，在营销过程中进行更为准确的市场细分和定位，形成了多种营销策略组合。政府、协会和企业进一步明确合理分工、加强合作推动着体育旅游市场营销的顺利开展，促进体育旅游社会效益和经济效益的双丰收。

第二章　中国体育旅游发展存在问题

第一节　体育旅游目的地建设

一、深层次开发不足

当前我国众多体育旅游目的地尚未构建合理的开发体系，体育旅游资源开发存在立体、深层次开发不足的情况，难以开发出错层次、高吸引力的精品体育旅游项目，影响着体育旅游目的地的健康可持续发展。

首先，民俗体育类旅游资源深层次开发不足。在我国数千年的历史长河中形成了丰富的、颇具地方特色的体育历史文化资源，如龙舟竞渡、赛马、蹴鞠、龙舞等。体育历史文化资源的亮点在于其文化独特性，但在社会发展过程中由于其生存环境、社会风俗等的变化，很多古朴的民俗体育文化在当代文明的冲击下，面临消亡或丧失其独特性的危险。一项针对 52 种徽州民俗体育项目的研究结果表明，"目前活态类占 84.6%，边缘态占 9.6%，完全消亡态占 5.7%"。[①] 一部分颇具特色的民俗体育项目已经消亡或濒临消亡，而旅游开发不仅能够获得经济效益，而且能够促使其得到较好传承与发展。但当前体育历史文化资源的旅游开发多限于形式化的开发或流于形式的展现，或过度依赖有形资源的存在，或较少对其深层次文化内涵进行深入挖掘与展现，导致部分体育历史文化资源内涵流失，或丧失独特风味，千人一面。如在龙舟竞渡文化的旅游开发过程中，常常倾向于与国际竞赛规则接轨以促进参与人数的增加或影响力的提升，注重短期内经济效益的获得，其开发过程中更多地注重外在物质形式的呈现，强调各种参赛规则中龙头、龙尾装饰和鼓的设置和竞赛形式等内容，常常忽视其历史情境和庆典仪式等承载更多内涵的载体元素，原有传统信仰体系易被解构，导致龙舟竞渡文化旅游开发深层次开发不足，不利于旅游开发的持久性。

其次，水体、山体类体育旅游资源开发多处于初级开发阶段，目的地建设多简单规划、分散建设，导致开发的产品种类单一、季节性明显。我国虽然具有漫长的海岸线和丰富的湖泊资源，但其开发多限于夏季对近岸水域、沙滩和阳光的直接利用，导致海岛资源开发不足，水上体育娱乐项目较少，海岛运动、海上运动、海空运动、海底运动项目等有待立体

---

① 王凯珍：《徽州地区民俗体育的分布与特征研究》，《体育文化导刊》2014 年第 7 期。

开发。内陆的淡水资源开发除了龙舟竞渡赛事，更多地集中在单一划船观光或沿岸马拉松等方面。同样，我国丰富的山体类体育旅游资源在开发过程中则是多限于徒步、山地自行车竞赛或滑雪等。无论山体类还是水体类体育旅游资源，多限于本体资源的开发，立体、深层次开发不足，导致旅游目的地体育旅游产品种类较少，旅游淡旺季明显，如水体类体育旅游目的地的夏季和山体类体育旅游目的地的冬季或春季、秋季属于旺季，而其他季节则为淡季，整体经济效益不佳。

最后，国内竞赛表演资源市场化开发不足。当前我国竞技体育管理体制上政府主导型、社会主导型和结合型管理体制并存，系统内人力资源具有特殊性，物力和财力的产权归属复杂，再加上专业体育经纪类人才不足等因素，造成国内竞赛表演资源的商业开发情况更为复杂。其市场开发更多地依靠政府力量，而社会力量介入不足或社会资本投资渠道不畅，不利于开发力度的加大，且具有一定的风险性和脆弱性。

二、区域整合开发不足

区域旅游业的快速健康发展需要整合区域内的旅游资源，通过优势互补、优势叠加来增强区域旅游的吸引力和竞争力，增强区域旅游发展优势。体育旅游的区域整合开发能够使不同区域内的资源要素更好地流动、重组和共享，开发更优质的体育旅游产品，形成更有内聚力的旅游区域，获得更好的经济效益、社会效益和生态效益。但当前全国众多地区体育旅游资源开发并未形成良好的区域合作，缺乏积极的横向联系和统筹规划，开发规划缺乏整体性和系统性，出现多种不合理的现象，如低水平重复建设、产品形式单一，或者临近区域产品雷同现象严重，不能形成互补性的或具有区域整体特色的旅游产品群，对体育旅游爱好者缺乏吸引力，难以形成区域性、互补发展的健康的体育旅游产品市场。如山东省沿海各地市在体育旅游资源开发过程中缺乏良好的区域合作，各自为战，使得沿海水体旅游资源开发中存在千地一面的同质化竞争现象，烟台、青岛、威海和日照都把开发帆船、帆板、游轮和海钓等水上运动项目作为其滨海旅游开发的重点。^①东北滑雪市场由于缺乏区域整合，虽然滑雪场数量迅速增加，但低水平的重复建设过多，产品结构单一，造成许多地区冰雪体育旅游项目的主题和产品几乎千篇一律，不利于冰雪体育旅游市场的健康发展。贵州省今年来着力打造了多条精品旅游线路，但是区域整合不足仍然是制约旅游产品开发创新的重要问题，贵州山地旅游尚未形成区块联动支撑体系，区域联动、整体规划等管理能力有待进一步调整优化。^②民俗类体育旅游资源的开发利用也存在类似问题。湖南省张家界市与永顺县，两地相距不过100公里，拥有"赶秋节""四月八"等民族节庆活动和鼓舞、铜铃舞、鬼谷神功等丰富的传统体

① 王瑞静、沙磊、魏丕勇等：《山东半岛蓝色经济区滨海体育旅游业区域整合及协同发展研究》，《海洋经济》2013年第3期。
② 丁勇：《贵州山地体育旅游产品的开发优化策略探析》，《中外企业家》2019年第34期。

育项目，但两地重点开发的民族体育主体项目均是"毛古斯舞""摆手舞"，这就表明两地对传统体育项目进行旅游开发时缺少区域整合，缺乏整体的规划，影响了传统体育文化旅游资源的合理开发利用。

三、品牌建设不足

随着旅游业的迅速发展，旅游市场的竞争也日趋激烈，旅游目的地越来越追求产品的差异化、品牌化发展，通过塑造自身特有的品牌形象来打造优势品牌，提高品牌竞争力，促进目的地发展。旅游目的地品牌定位是指旅游目的地根据自身发展实际，结合优势资源确定自己独特的品牌形象。体育旅游目的地品牌定位指从自身实际出发在体育目标市场中建立一个独特的品牌形象，并对品牌的整体形象进行设计和传播，努力被消费者认同，并在体育目标市场中占据独特而有价值地位的过程或行动。体育旅游目的地品牌定位需要根据自身状况和竞争者状况，立足差异点，寻找竞争优势，并结合体育旅游者的需要和动机进行独特品牌定位，包括对体育旅游目的地品牌设计、宣传和维护，核心是加深消费者心中旅游产品的良好形象，努力获得认可，提升产品知名度。体育旅游目的地品牌建设是品牌形成和成长的过程，是一个长期的系统工程。国内众多体育旅游目的地品牌建设较早展开，它们结合自身资源独特性和唯一性，或慎重定位，或加强区域合作，或努力破解体育旅游资源开发定位的同质化，积极寻找适合自身的独特的定位，努力设计、打造独一无二的体育旅游产品，推进差异化的品牌化建设。

但一些体育旅游目的地在品牌化建设实践过程中，既较少整合开发形成强大的统一品牌，也未能形成各自的独有品牌。表现之一是各自为战、未形成区域性的统一品牌形象。如东北三省、内蒙古、河北体育旅游资源丰富，涵盖了海洋、森林、冰雪等资源，冰雪体育旅游资源特色明显，在一些临近区域的产业结构调整中，都把体育旅游产业发展列入重要位置，其冰雪体育旅游产业在各自省市已经初步形成集群发展轮廓。但在具体建设过程中各地仍然多限于区域隔阂，各自为战，未形成规模化发展优势和跨区域的集群化发展特征，未能合力打造良好的区域品牌。表现之二是体育旅游产品没有鲜明特色，差异化、高质量产品少，不利于品牌化建设。东北三省、内蒙古、河北省的体育旅游资源虽然丰富，但多数体育旅游资源没有高层次的、特色化的开发和营销，多在进行同质化的冰雪旅游项目开发，缺乏支撑地区旅游形象的差异化的高质量项目，旅游资源未转化为独特的产品优势，不能满足消费者的多层次需要，不利于形成鲜明、独特的旅游品牌。这两方面也是很多体育旅游目的地品牌化建设中存在的普遍性问题。

四、给当地生态环境和居民生活带来困扰

当前体育旅游目的地建设不断加速、体育旅游参与人数

持续增多，在促进当地获取经济效益、社会效益的同时，也对当地的生态环境和居民生活带来一定困扰。体育旅游资源的开发要遵循自然规律，不能违背生态学原理。众多体育旅游项目主打拉近消费者与大自然距离、在和大自然互动中健康身心的服务，常以海洋、沙漠、草原、山地等自然资源为载体，甚至还有溶洞资源等，但这些生态资源都具有一定的生态脆弱性。这些环境系统的组成物质在数量、比例关系和空间等方面有其相应的规律，旅游开发需要保持一定的限度。当下的体育旅游资源开发虽然多注重对生态环境的保护，但也不可避免地会对这些资源环境产生一定的破坏。高尔夫球场资源开发不当也会加速和扩大水土污染或流失，在其建设过程中会大面积平整造型、砍伐树木以营造小丘陵、草坪等人造景观，本身就是对原有生态的破坏，容易使土壤失去结固和保护作用，造成土壤松软和裸露。另外，高尔夫球场为维护草木日常生长，会使用一定量的农药和化肥，若使用不当，农药和化肥会进入地面水体，造成水准超标，并对下游水体产生潜在威胁。当前大力兴建的滑雪场也会对地表植被产生一定的破坏作用。一是需要砍伐大量的树木和植被，大量的植被要被连根拔起，彻底清理，使得森林土地暴露，失去了植被的保护。二是破坏植物多样性与群落结构。一项研究表明，滑雪场的开发与建设使得滑雪场周围的植物群落结构简单化，物种多样性指数、物种组成变化明显。与其他旅游项目的开发比较而言，滑雪场建设对其造成的影响最严重，而且这种影响具有持续性和累积性的特点。①

在旅游系统中，当地居民既是参与的利益主体，也是社会环境的构成部分，甚至是人文旅游资源的重要组成部分，他们既是旅游业发展的受益者，也是其消极影响的承受者。体育旅游目的地的建设除了会给体育旅游目的地生态环境带来一定的不利影响，也会给当地居民的生活带来一定的困扰，这更多地表现在对传统生活秩序的冲击和传统生活环境的干扰等方面。如随着马拉松赛事规模不断扩大，主要赛道一般会选取具有地方文化特色的地点或景观大道，赛事举办期间的交通管制和分时封路会引发市民出行不便；龙舟赛过程中的擂鼓声、呐喊声、鞭炮声是龙舟赛或端午节独具民俗特色的元素，但有时也会严重干扰周边小区居民生活；海滩、休闲广场等公共设施在旅游旺季基本被消费者占领，当地居民外出休闲空间受限。这些体育旅游现象的存在给当地居民的正常生活带来了不同程度的困扰。

五、基础设施建设和公共服务水平亟待加强与提升

虽然当前我国体育旅游基础设施和公共服务设施水平已经得到较大程度的提升，但由于体育旅游产品的特殊性，众多体育旅游目的地处于城市郊区、乡村边陲或偏远山区等，其独特的地理环境使得众多爱好者的体育旅游参与更多地受限于

---

① 张昌贵：《旅游开发对太白山森林公园植物多样性与群落结构影响的研究》，西北农林科技大学硕士学位论文，2010，第5页。

地理距离或基础设施的不完善。如众多滑雪场远离城市或市区，虽然基本公路建设通畅，自驾滑雪游一族能够较快捷地到达目的地，但由于公共交通出行车辆较少，间隔时间较长，需要公共交通出游的大学生或无私家车一族的出行受到较大影响。张家口市崇礼区近年来快速开发滑雪场和酒店，但是县城内的公共交通却不够便利，县内公交车与出租车数量十分有限，一些非自驾消费者只能选择当地无运营资质的车辆或花费较长时间等候公交车以去往不同滑雪场。另外，张家口市崇礼区不同级别的酒店数量繁多，但由于各家滑雪场分布比较分散，不能统一规划开设专车，这些酒店也大都没有开通去往滑雪场的专车，而只能为消费者提供辅助叫车服务。[①]这样一方面无法保障消费者的交通安全，另一方面，也使消费者将更多时间花费在旅程中，无形中缩短了他们的体育旅游项目参与和体验的时间。除了交通基础设施条件不够完善外，体育旅游目的地的基础设施条件也有待提高。一些滑雪场度假区提供的住宿、餐饮和购物娱乐等配套设施不能很好地满足消费者的需求，调查显示只有不到 10% 的消费者认为滑雪场度假条件好。[②]另外，大部分运动休闲特色小镇选址在偏远乡村，虽然这些乡村水、电等配套较为完备，无线网络也铺设到位，但除了交通不便的情况依然存在之外，其公共

---

① 张莹、叶海波、陈艳霞:《冬奥会背景下崇礼县滑雪场发展现状与前景》，《冰雪运动》2016 年第 2 期。

② 段飞洋:《基于 4Gs 理论的崇礼太舞滑雪旅游度假区营销策略研究》，北京体育大学硕士学位论文，2019，第 37 页。

服务水平也有待提高，污水、垃圾等处理设施也有待完善。

第二节　体育旅游市场营销

一、目标市场营销存在不足

当前旅游市场发展迅速，营销目标市场也在逐渐发生变化。由于体育旅游产品种类不断丰富、质量不断提升，以及人们体育观念的不断变化，体育旅游的客源结构也处于变化之中，市场营销细分、定位等方面也应随之变化，但这种变化总是体现出一定的滞后性。

其一，西北部地区或中、小城市区域消费者未得到足够重视。随着国家经济、文化的快速发展，城市间、城乡间、东西部地区居民的经济条件和思想观念的差异不断缩小，交通基础设施快速发展，中小城市、西北部地区的体育旅游消费者和潜在消费者不断增加，这些区域的体育爱好者对体育旅游市场发展的影响至关重要。经济的发展是旅游市场形成和发展的主要条件，这些地区经济快速发展促进了其基础设施的投资和改善，也促进了体育旅游产品的进一步开发与丰富，吸引着当地和其他地区更多的体育爱好者加入体育旅游消费之中。调查数据显示，中西部城市居民旅游消费力大大提升，2018 年旅游消费二十强城市中，川渝城市增长明显，成都和重庆分居 3、4 名，西南人民出游热情高涨。[①]2019 年旅游消费二十强城市中，西部地区的西安位列第 11 位，在西北城市中位列第 1。[②]2017 年西安出行人次总量过千万[③]，2018 年西安是中国出境游人数最多的十大城市之一[④]。中西部消费者数量的快速增长，应引起体育旅游企业足够重视，但当前体育旅游市场营销定位对其重视程度不够、宣传不足。

其二，女性体育旅游消费者群体的增长未引起足够重视。多数体育旅游项目中男性群体是主要的参与者，一项调查数据显示女性受访者选择球类运动为体育旅游需求激发因素的比例仅为 28.8%，而男性受访者的这一比例则为 48.7%，在田径类、赛车类和越野自驾等户外项目上，两性之间也有着明显差异，且在体育旅游行程花费时间和花费预算方面也存在一定区别。[⑤]但不容忽视的是女性体育旅游人数也在快速增长，如除了女性马拉松跑者数量快速增加之外，在其他体育旅游项

① 黎静：《2018 国民旅游度假账单发布重庆市民旅游消费总额排名全国第四》，上游新闻，https://www.cqcb.com/wealth/2019-01-18/1392274_pc.html，最后访问日期：2020 年 1 月 9 日。

② 马晴茹：《西安上榜 2019 年旅游消费二十强城市 位列西北第一》，新浪网，http://sx.sina.com.cn/news/b/2019-12-26/detail-iihnzahk0013277.shtml，最后访问日期：2020 年 12 月 9 日。

③ 黄涛：《西安去年出行人次总量过千万 2017 旅行幸福指数杭州靠前》，华商网，http://news.hsw.cn/system/2018/0131/955178.shtml，最后访问日期：2019 年 6 月 21 日。

④ 王赫：《2018 年西安入围出境游人数最多的十大城市》，西安晚报，http://sn.ifeng.com/a/20180502/6542153_0.shtml，最后访问日期：2020 年 3 月 26 日。

⑤ 陈功：《同程旅游体育旅游调查报告：巴西奥运出游意愿远低于预期》，《中国消费者》2016 年第 9 期。

目消费方面也在表明女性消费时代的到来，如在徒步旅游方面，男女消费比例为 44.6%:55.4%。途牛发布的《2017 体育旅游消费报告》数据显示男女体育旅游消费比例为 4:6，女性消费者占到了六成。[1] 体育旅游消费市场应充分重视女性群体的消费能力。但当前在体育旅游产品的市场定位营销方面，除了几个专门的女性马拉松赛事的市场定位是女性群体外，较少看到针对女性群体的旅游市场定位开发、营销。

其三，老年人消费群体被边缘化。随着人们强身健体意识的增强以及对体育赛事热情的高涨，体育旅游不再是年轻群体的专利，而是不断扩展至各年龄层。如某旅行团的青海湖骑行活动，报名人员平均年龄在 50 岁左右，"而一些海外的产品如北欧风徒步、里约奥运等产品，主要消费者是 35—50 岁的中老年消费者"。[2]2018 年西昌马拉松参赛人数达到 25157 余人，60 岁及以上的各项目参赛者共有 435 人。[3] 中国正逐渐步入老龄化社会，老年人旅游市场潜力巨大，老年人旅游已成为中国旅游市场的重要组成部分，但老年人体育旅游市场仍未得到应有的重视和合理的营销定位。

---

[1]　赵艳艳:《〈2017 中国徒步旅游分析报告〉发布，女性消费时代来临》，光明网，http://travel.gmw.cn/2018-03/26/content_28112833.htm，最后访问日期：2021 年 1 月 12 日。

[2]　佚名:《携程发布首个〈体育旅游报告〉：体育旅游成亮点》，趣旅游网，http://www.hnfcjr.com/gonglve/766.html，最后访问日期：2021 年 2 月 21 日。

[3]　赵文杰:《老年参赛者对马拉松赛事服务体系满意度的调查分析——以西昌马拉松为例》，成都体育学院硕士学位论文，2019，第 20 页。

二、营销策略有待完善

体育旅游产品营销中的低价竞争或定价过高带来的负面影响不容小视。随着体育旅游市场的快速发展，竞争日趋激烈，价格战成为重要营销手段。虽然以服务为基础、有品质保障的适度价格战能使消费者和经营者互利共赢，但仍有许多体育旅游目的地或旅行社把低价作为主要的竞争手段，以扩大自己的市场份额。这种营销方式在短期之内可能能够使其获益，但是这种低价竞争同时也会大大降低服务质量，既会损害体育旅游产品形象，形成低价营销的恶性循环，又会造成相关营销方的诚信缺失，不利于体育旅游目的地的健康可持续发展。如在我国快速发展的滑雪旅游行业领域，目前已经形成了以东北地区为首，包括内蒙古、新疆、北京、河北等地在内的冰雪体育旅游快速发展的态势。东北片区、内蒙古片区、西北片区、京津冀片区是中国冰雪体育旅游发展的重要区域，市民可选择的滑雪场越来越多。但在发展过程中冰雪旅游产品同质化问题一直存在，多家滑雪场为了吸引更多消费者，提高经济效益，一开张便纷纷打起了价格战，过低的价格容易导致经营者较难提高雪场软硬件服务质量，甚至导致服务质量下降，影响品牌形象。[1] 除了过度依赖低价竞争外，某些体育旅游目的地或产品也存在定价过高的现象，导致消费者对旅游目的地的评价较低，一定程度上影响了消费者的再次消费意愿。一项研究表明，80%以上的滑雪消费者认为滑雪场教练价格偏高，只有38.1%的消费者认为滑雪缆车票票价适中，大部分认为价格偏高，影响到消费者的满意度状况。[①]另外，"有超过75%的消费者认为一些地区的滨海健身旅游项目收费较贵或很贵，只有1.58%的消费者认为较便宜或很便宜"。[②]

传统营销与网络分销的组合运用不当。传统营销与网络分销的组合运用可以较好地促进体育旅游产品的营销，但如果组合使用不当也会在一定程度上削弱营销效果。第一，部分体育旅游目的地的经营者或政府营销过程中多关注传统营销方式，依赖电视媒体、报纸推广宣传，没有更好地利用微博、微信、今日头条等社交平台，造成销售渠道方式单一、不够新颖，无法吸引更多体育旅游爱好者的关注。或者组合使用了一定的体育旅游目的地官方网站，但常存在网站信息量与功能较少、缺乏管理等问题，不能达到预期的组合营销效果。第二，网络营销交互性不足，缺乏双向沟通。当前大多数体育旅游目的地会选择与旅游网站或旅行社合作推广体育旅游产品，但在实际操作过程中，这些旅游网站或旅行社多通过网络展示体育旅游产品的属性信息和图片，缺乏与消费者之

---

① 段飞洋：《基于4Gs理论的崇礼太舞滑雪旅游度假区营销策略研究》，北京体育大学硕士学位论文，2019，第31页。

② 杨大铸：《青岛滨海健身旅游参与者现状与需求研究》，上海体育学院硕士学位论文，2013，第28页。

间的实时沟通与交流，这极大地增加了营销的被动性，也不利于培养体育旅游消费者的忠诚度。第三，专业网络营销团队的建设滞后。网络营销除了销售产品，还要加强与客户的沟通，改善消费者服务功能，因此专业网络营销人才应该既要对搜索引擎营销足够了解，又要有体育旅游市场经验和较强的沟通能力，熟悉网页设计和网站开发。但当前网络营销人才本就稀缺，进入体育旅游网络营销领域的专业人才更少，导致体育旅游专业营销团队的建设滞后，不利于体育旅游的良性循环发展。第四，营销渠道选用不够精准。在分销渠道选择中，仅仅考虑加快速度、降低费用等因素是不够的，还要考虑渠道的产品配送能力，考虑产品能不能及时准确地销售出去，考虑市场占有率是否足以覆盖目标市场等，否则可能导致市场覆盖率不足、销售量下降的后果。在体育旅游产品营销过程中经常存在渠道不够精准的问题，导致宣传覆盖到的人群并不是精准的潜在体育旅游参与者。如一些专门的女性马拉松赛事在宣传时候，往往惯性地和其他马拉松赛事一样在体育类频道或网络中发布信息，但由于女性受众通常对文化娱乐、养生旅游等资讯的关注度较高，一般将科技、体育类新闻信息置于关注链末端，对体育新闻类信息关注度较低，导致宣传信息传播到女性群体的效果较弱。[①] 因此，如何更精准选择营销渠道也是摆在各地政府和体育旅游企业面

---

① 马超:《"男女有别"：媒介接触、媒介信任与媒介素养的性别差异——来自四川省域居民的实证调查》，《山东女子学院学报》2019 年第 6 期。

前的重要课题。

　　体育旅游节事营销策略也需要大力完善。在体育旅游营销过程中，体育节事旅游营销策略运用较广，它既可以促进体育旅游产品销售，还可以促进体育旅游目的地的品牌建设。但当前的体育节事旅游营销仍需要进一步完善。第一，营销内容喧宾夺主。如在国际风筝节的开展过程中，地方政府经常过多地举办一系列以风筝节为载体的其他文体活动或无关的经贸活动，这容易弱化风筝节事活动，影响风筝节对体育旅游的拉动和促进。第二，知名度不高，连续性不强，促进体育旅游效果一般。贵阳市依靠其特殊的地貌举办了各种体育赛事，有些赛事虽然效果较好，却只举行一次或断续举办，未能形成常规赛事，打造赛事品牌。如喀斯特野外探险与网络挑战赛，虽然收到良好的效果，但由于各种原因，举办一次就停办了。第三，某些节事营销活动缺乏深厚的文化内涵作支撑，吸引力低，较难达到预期效果。文化是旅游的灵魂，旅游是文化的载体，如果民俗体育节事营销缺少文化内涵的传播，民俗体育旅游就会缺乏活力，很难有持久的吸引力和生命力。第四，体育节事营销缺乏特色与创新。众多体育节事活动从形式到内容、从立意到口号，缺乏新意，或者与其他相近体育节事活动雷同，或者每次活动都缺乏变化和创新，从而造成低层次的重复，营销效果大打折扣。[1]

---

[1]　李文秀：《体育节事旅游研究》，武汉大学硕士学位论文，2005，第18页。

品牌营销策略推动不足。通过品牌营销确立鲜明的品牌形象，可使体育旅游消费者产生品牌认可与忠诚，促进多次消费。当前一些体育旅游目的地或体育旅游产品在品牌营销方面进行了一定程度的尝试和探索，并努力通过与主流媒体结合等方式扩大营销宣传，取得了一定效果。但更多的体育旅游品牌或本身内涵挖掘不足，或未形成统一标识，或宣传口号指向性不强、与主流媒体的结合推动力度有限，品牌传播呈现周期性，缺乏持久影响力，造成品牌营销策略推动不足。如每年定期举办的西安国际马拉松赛，不仅传播策略单一，[1]而且更关注赛前和赛中传播，赛后的持续关注与宣传较弱，[2]不利于品牌营销的持久性。运动休闲特色小镇发展过程中也同样存在品牌营销策略推动不足的问题。[3]

第三节 体育旅游消费者与专业人才

一、消费者群体构成的非均衡性与消费行为不当

在当前强劲的旅游需求驱动下，全国旅游投资规模不断扩大，投资结构逐步改善，投资热点加快形成，促进了旅游

---

① 赵琛：《浅析西部三省比较视角下的西安国际马拉松赛传播对策——以西安马拉松、成都马拉松、兰州马拉松为例》，《新闻研究导刊》2017年第23期。

② 耿煜杰：《西安国际马拉松赛事网络传播特点分析研究》，西安体育学院硕士学位论文，2018，第27页。

③ 周鸿璋、刘周敏、罗镇宇等：《运动休闲特色小镇培育发展现状——基于四个案例的研究》，《吉林体育学院学报》2019年第6期。

市场的快速发展，旅游消费人数不断增长。"2019 年全年国内消费者 60.06 亿人次，比上年增长 8.4%。"① 与之同步，每年参加或观赏各种运动的体育爱好者越来越多，体育旅游也逐渐成为人们投身健康或者参与娱乐的重要途径，国内体育旅游人数也以较快的速度增长。体育旅游消费者作为体育旅游发展的服务主体，对体育旅游产业可持续发展的影响至关重要。但体育旅游消费者在人数快速增长的同时也产生了一些不和谐音符。

其一，消费者群体构成的非均衡性。这主要表现在性别、年龄和地域群体的失衡。无论是参与型还是观赏型、无论是以休闲为主还是以竞赛为主的体育旅游消费者，多以中青年男性群体为主，且主要为分布在沿海省份或一、二线城市的居民。这种状况不仅体现着缺席群体未能同等地享受我国体育旅游发展的成果，而且也不利于体育旅游的可持续发展。

其二，体育旅游消费者的个别不当行为给体育旅游发展带来不利影响。如登山、滑雪之类的旅游产品资源一般处于偏远地区，这些地区交通不便，地形险峻，环境一旦遭到污染或破坏，复原难度加大。每年约有 6 万名登山者和导游光顾珠峰中国一侧，随着登峰人数的骤增，珠峰上的生活垃圾和登山垃圾也越来越多，据报道，"2018 年 4 月以来已经从珠穆

---

① 余俊杰、陈爱平：《2019 年我国国内游人数突破 60 亿人次》，新华网，http://www.xinhuanet.com/politics/2020-03/10/c_1125692452.htm，最后访问日期：2021 年 2 月 28 日。

朗玛峰收集约 8.5 吨垃圾"①。类似不当行为容易对脆弱的生态环境产生巨大污染，甚至造成不可逆的破坏。

其三，体育旅游消费者的安全问题。伴随着越来越多的运动爱好者加入体育旅游队伍中来，相应的体育旅游安全问题也层出不穷，制约着体育旅游的健康发展。类似因驴友私自进山而迷途失踪、失足的悲剧在全国各地不断发生，一些登山探险爱好者也会因为缺乏登山知识和技能、不熟悉山峰情况、登山装备简陋、缺少专业登山向导等原因而遭遇险情。这对体育旅游目的地的管理者和消费者而言都是需要重视的问题。

二、体育旅游专业人才匮乏

体育旅游专业人才匮乏是一个存在已久且仍会长期存在的问题。体育旅游市场的良性运行需要大量体育旅游专业人才的支撑，体育旅游专业人才的数量和质量，是体育旅游可持续发展的重要基础和保障。但当前我国体育旅游专业人才较为匮乏，这在一定程度上限制了体育旅游的快速发展。已有研究证明，复合型人才的缺乏会导致体育旅游在发展过程中产生许多问题。②

体育旅游人才匮乏主要表现在培养数量有限、人才质量有待提升两方面。一是专业人才培养数量有限。国内开设体

---

① 陈一译：《日媒：中国艰难清理珠峰垃圾》，环球网，https://oversea.huanqiu.com/article/9CaKrnK8Y09，最后访问日期：2019 年 12 月 14 日。
② 林东昃：《北京国际足球小镇发展现状及对策研究》，北京体育大学硕士学位论文，2019，第 45 页。

育旅游专业的高校较少，主要有上海体育学院、成都体育学院、天津体育学院和一些职业旅游学校等。另外，还有一些高校通过设立体育旅游方向的课程来培养旅游专业人才，这些学校招收学生数量较为有限，如"安徽省池州学院每年体育旅游方向招生总人数为 120 人，体育旅游方向在校总人数为 480 人"①。"每年正式接受过体育旅游课程学习的毕业生不足 20 万人，而接近一半的毕业生不会长期留在体育旅游领域内工作。"② 目前相关高校培养的体育旅游专业人才的数量仍然偏少，不能满足体育旅游产业链的需求。

二是培养质量有待提升。由于体育旅游是综合性行业，体育旅游专业人才也需要储备多学科的专业知识与技能。一方面，从体育旅游活动的策划、组织再到营销，他们需要掌握一定的旅游管理和市场营销等方面的专业知识，以便进行体育旅游活动的管理；另一方面，由于体育旅游有着较强的身体参与性，这就要求体育旅游从业人员需要扎实的体育、旅游知识储备和综合实践能力，以便在体育旅游产品营销时能进行更专业的设计与解说，或者在体育旅游消费者参与活动时能进行专业的指导、保护与帮助等。而从目前我国体育旅游产业人才培养现状来看，较难培养出高质量的复合型体育旅游专业人才。旅游专业院校专业体育师资薄弱，人才培养

---

① 刘利、沈伟:《体育旅游专业人才培养的问题与对策》，《体育成人教育学刊》2018 年第 6 期。

② 邵如蓉、盘劲呈:《我国体育旅游专业人才的核心素养研究——基于产业融合视域》，《贵阳学院学报（社会科学版）》2019 年第 6 期。

过程中倾向于对旅游学、营销学、心理学和经济学等学科知识的传授与教导；而体育院校旅游学科师资薄弱，专业人才培养更多地侧重于体育技能与知识的传授。另外，体育旅游专业人才是理论与实践相结合的应用性、复合型人才，这就要求相关教师不仅要有过硬的理论素养，还要具备丰富的实践经验，而目前我国高校中从事相关教育工作的教师多缺乏在企业或社会的实践经验。以上因素共同制约着体育旅游专业教学质量的提高。[①] 要想培养高质量的体育旅游专业人才，应努力探寻更优路径。

第四节　利益相关者视角下相关问题产生的原因

利益相关者理论最初应用于企业管理领域，将管理关注点主要集中在企业内部、外部的利益者身上，也包括与其他组织有联系的利益相关者，考虑不同利益者之间的关系，确定关键利益者及其相互作用，以有效提高管理效率。随着利益相关者理论的不断完善发展，它也被应用于实践领域，其中涵括了包括体育旅游在内的旅游领域。体育旅游产业具有较强的综合性，利益相关者情况较为复杂，在体育旅游资源开发、目的地建设等方面存在的众多问题，归根究底与利益相关者的利益博弈存在密切关联。

---

① 潘丽霞、孙海春：《三螺旋理论视角下高校体育旅游专业人才培养问题与对策研究》，《山东体育科技》2014年第1期。

在体育旅游发展实践过程中，体育旅游利益相关者所扮演的角色不同或所处定位不同，其利益诉求会有着明显的差异，可划分为不同的类型。借鉴利益相关者的分类研究，我们可以将体育旅游在发展和规划过程中的利益相关者分为核心层利益相关者、外围层利益相关者和边缘层利益相关者。核心层利益相关者是在体育旅游的规划和发展过程中投入精力和资金并且承担风险的群体，属于利益的直接受益者，也是风险承担者，主要包括地方政府部门、体育旅游开发商、体育旅游目的地商家、当地居民、体育旅游消费者；外围层利益相关者是在体育旅游的规划和发展过程中有着一定利益联系的相关者，如体育旅游协会；边缘利益相关者并不是通过直接的方式而是通过间接转化的方式获得利益的，同时他们也在体育旅游的发展过程中承担一定的责任，主要包括体育旅游非政府组织和新闻媒体等。体育旅游在发展过程中涉及的利益相关者数量繁多，关系复杂，并且随着体育旅游的发展，他们的利益诉求也会发生变化，不同的利益相关者群体之间以及利益相关者群体内部之间势必会出现关系不协调或利益冲突的情况，产生一系列问题，体育旅游核心层利益相关者之间利益诉求的差异或冲突则使得问题更为凸显。

一、政府部门与体育旅游开发商

地方政府管理机构是体育旅游规划和发展的决策者，也是相关政策的制定者与执行者，通过运用行政力量展开部署和管理，各部门职责明确、分工协调开展工作，其目的是希望通过旅游开发，带动当地的经济和社会发展，实现当地经济、文化和环境效益的多赢局面。体育旅游开发商是体育旅游发展的重要投资者，通过投入大量的资金开发出可供消费者进行体育旅游的目的地或优质产品。体育旅游开发商的利益诉求是经济利益的最大化，即投入的资金得到最大化的经济回报。这两者之间的利益差异主要在于当地政府管理机构对于体育旅游发展的要求是可持续化的发展，除了注重地方的经济效益，还要兼顾社会效益，而体育旅游开发商则更多是追求经济效益，扩大体育旅游的经营规模，往往较少兼顾其他因素，而不尽相同的利益诉求则会导致在体育旅游目的地建设的某些方面不能形成很好的合力。如体育旅游基础设施建设主要依靠政府，开发商较少投资，许多地方亟需完善的基础设施建设不易获得社会企业的支持，特别是经济落后地区。同时，虽然政府管理机构会出台一系列的政策和措施来促进体育旅游开发商或目的地商家间的自由竞争，加强企业行为规范，尽量避免其为了过分追逐经济利益而产生不当行为。但一旦政府管理机构监管不到位，就易出现旅游开发商对体育旅游资源过度开发，造成环境污染和破坏。部分旅游开发商也会在产品供大于求或求大于供的情况下采取恶性价格竞争或垄断价格，影响体育旅游目的地的可持续发展。体育旅游开发商追寻的经济利益最大化也不利于其配合政府培养出优质的体育旅游专业人才，竞技体育商业化赛事开发过度依赖政府则容易导致其市场化运作水平不高。另外，由于体育旅游安全管理涉及机构较多，政府和企业多头管理，责任不够清晰，不能有效管理体育旅游消费者的行为，容易产生安全问题。

二、政府部门与当地居民

地方政府管理机构在发展体育旅游过程中负责统筹规划全局，在体育旅游发展建设过程中，特别是建设前期，需要占用一定量的居民资源，涉及诸多当地居民的利益，而在后续发展过程中势必也会对当地居民的生活造成一定程度的影响。当地居民在面对所在地发展体育旅游时，一方面希望所在地得到开发，能够为自己带来一定的利益；另一方面又希望自身原有的利益不被破坏，在实际的体育旅游发展过程中不愿作出积极有效的配合。地方政府管理机构在决定发展该地区的体育旅游时势必会对当地的可用资源进行整合，完善各种基础设施，以保证体育旅游的稳定发展，但在资源整合的过程中，涉及环境整治、部分建筑拆除等环节，易造成当地居民的抵触心理，使得双方容易产生对立情绪。地方政府管理机构占用居民土地或住宅时的补偿标准是否符合居民的心理预期也是重要的影响因素，如果补偿标准未达到居民的心理预期，居民在体育旅游发展中多数会处于消极被动的状态，容易让双方发生冲突。此外，政府管理机构在执行政策时若忽视当地居民的建议和诉求，在发展体育旅游时未能制定出适应当地居民工作生活的有效方针，或在处理与当地居民关系时对当地居民有一些误解等，都会加深双方之间的矛盾冲突，导致当地居民对体育旅游目的地建设的参与积极性不高，甚至会有反对意见。

三、消费者与目的地商家

体育旅游消费者是体育旅游活动得以产生的基础与条件，体育旅游的规划和发展需要围绕着消费者的购买力和消费者偏好来进行。体育旅游消费者来到体育旅游目的地参与旅游时会关注自己的需求是否得到满足，以及此过程中获得的体验是否符合自己的心理预期。体育旅游目的地的商家多数是通过缴纳租金的方式得以在体育旅游目的地开展旅游、餐饮、住宿服务或工艺品销售，吸引消费者前来消费以获得利益。如果监管部门无法及时监察到位，一些营业场所的商家倾向于将商品的价格制定得高于市场标准，消费者在被动接受商家制定的价格时，会产生消费者与商家之间的利益冲突。还有的商家过分地追求利益，在消费者消费过程中添加隐形消费，甚至是强制消费者进行消费，这种情况的出现也极大地加深了双方之间的矛盾冲突。消费者与商家之间的利益冲突，极大地影响了消费者的旅游体验，同时也对体育旅游目的地的形象产生了负面影响。在某些体育旅游产品需求旺季，两者之间更容易产生利益冲突，比如冬季滑雪场、夏季沿海休闲场所的经营商家在提供体育旅游产品及相关衍生产品时，会降低产品的质量或抬高价格，以获取更高的利润，但随之而来的则是更高频次的消费者投诉。

四、消费者与当地居民

随着体育旅游的不断发展，越来越多的消费者到体育旅游目的地参与旅游，并不可避免地与当地居民产生更多互动，一方面，他们会给当地居民的生活带来一定的积极影响，能够促进就业，提高居民收入，促进当地经济的发展；另一方面，消费者短时间内的大量涌入，也会给当地居民生活带来一定的困扰，特别是在节假日或者赛季到来时，大量消费者的涌入对当地的交通、餐饮和住宿等基础设施来说都是考验，不仅可能造成交通堵塞，影响当地居民的日常生活，而且可能造成当地商品价格的上涨，提高当地居民的日常消费压力。当前风靡全球的马拉松赛事虽然对地方城市建设、旅游经济发展具有较大的推动力，但比赛过程中个别参赛者乱扔垃圾、随地便溺等不文明行为也会引起当地居民的不满。另外，体育旅游消费者在因不了解当地文化传统或风俗习惯而产生冒犯行为时，也会与当地居民产生一定的矛盾。

五、地方政府之间、体育旅游企业之间的合作与博弈

良好的旅游合作是体育旅游可持续发展的基础。不同主体之间的合作与博弈可以发生在个人之间，也可以是企业之间或者政府之间。这些主体之间的合作与博弈状况影响着区域旅游合作与产业融合的健康发展。区域旅游合作主要就是指不

同地区为了达到共赢的目的而进行的旅游合作，力图把区域内的有限资源在整个区域内部进行重新组织、组合并进行分配，以实现社会效益、生态效益以及经济利益最大化的目标。区域旅游合作能够提高旅游目的地的综合竞争力，改善区域总体形象。区域旅游合作决策的相关主体主要包括地方政府、企业以及其他的非政府组织，其中地方政府作为区域旅游合作的重要主体而存在。区域旅游合作需要各地方政府的监管与推进，在政府之间的博弈中，需要找到区域内各地方政府都认同的合作条件，相互协调与配合，才能让区域旅游合作顺利开展。但地方政府部门作为经济利益人，都代表了各自地方的利益，各旅游区也都是按照自己的设定目标发展，彼此之间容易缺乏区域旅游合作的有效动力和统筹规划，容易出现各自为政独立开发、重复化开发和客源无序争抢等状况，不利于区域体育旅游的合作开发和健康发展。

产业融合日益成为经济发展中的重要现象。体育旅游本身就是体育产业与旅游产业间相互融合的产物，这种产业间的融合不具有偶然性，而是社会经济发展的必然趋势。体育与旅游都是人类赖以生存和发展的文化产业，伴随着社会经济的长期稳定发展和消费者对于文化需求的增多而产生。体育旅游产业融合既包括产业间的横向拓展融合，即体育旅游与其他产业之间的融合，又包括产业延伸交叉式的产业融合，这种融合主要通过产业间经济活动的功能互补和延伸来实现产业间的融合，打破原有产业间的业务和运作边界，如电子商务与体育旅游产业融合形成体育旅游电子商务。① 良好的体育旅游产业融合是市场、企业、政府等主体共同作用的结果，但体育旅游产业融合发展尚存一定的区域制度障碍、企业能力障碍等。现阶段体育旅游产业融合还是要靠政府主导推动、行业间主动参与来实现。目前由于各企业追求自身利益最大化，而政府部门之间、体育旅游企业之间又缺乏良好的协调制度与合作基础，仍然存在的条块分割和行业壁垒影响着体育旅游产业的融合与渗透，容易导致相关产业的企业间各自为战，不能形成良好的资源融合、技术融合和市场融合，容易导致旅游资源深层次开发不足、销售渠道不畅、销售策略欠佳等问题。

小　结

我国体育旅游产业在正在进入快速发展阶段，且仍有亟需改进、完善之处。体育旅游目的地建设过程中存在以下问题：体育旅游资源深层次开发不足、区域整合不够，体育旅游目的地品牌建设特色不足，体育旅游目的地建设对当地环境和居民生活带来一定的困扰，基础设施有待完善等。同时，体育旅游市场营销中目标市场定位、销售渠道和营销策略不够精准与高效，体育旅游消费者的结构不合理和不当消费行为，

① 邢中有：《产业融合视角下体育旅游产业发展研究》，《山东体育学院学报》2010年第8期。

体育旅游专业人才培养不足等，也是影响中国体育旅游发展的重要因素。体育旅游利益相关者的利益冲突或关系不够协调是众多问题产生的深层次原因。

第三章 全域旅游视域下中国体育旅游发展面临的机遇与挑战

当前我国为发展体育旅游而营造的产业政策环境、生态环境、经济环境和技术环境，以及 2022 年北京冬奥会的承办等，为体育旅游的发展带来了新的机遇，而体育旅游发展的区域不平衡、国外旅游市场的强势竞争力和相关体制改革等则给体育旅游的发展带来了新的挑战。

第一节 中国体育旅游发展面临的机遇

一、政策环境

旅游产业政策是国家和旅游行政组织为实现一定时期内旅游发展目标而规定的行动准则，是推动旅游产业发展的引擎与保障。旅游产业的快速发展可以促进旅游产业政策的制定与完善，而旅游产业政策的制定与完善又反过来推动旅游产业的健康可持续发展。近年来国务院及地方政府颁发了多项促进旅游发展的政策性文件，为发展体育旅游营造了良好的政策环境。

（一）体育旅游相关产业政策

1. 旅游产业的政策支持

我国的旅游产业发展政策从多方面对体育旅游发展给予关注与扶持。2009 年国务院下发《国务院关于加快发展旅游业的意见》，提出大力推进旅游与体育等相关产业和行业的融合发展，支持有条件的地区发展体育旅游。2010 年国务院办公厅印发了《贯彻落实国务院关于加快发展旅游业意见重点工作分工方案》，该方案中多处就体育旅游产业的相关工作进行了安排，提出由发展改革委、国土资源部、住房城乡建设部、环境保护部、体育总局、旅游局负责规范高尔夫球场、大型体育主题公园等的发展；由旅游局会同体育总局等有关部门负责推进旅游与体育等相关产业和行业的融合发展，支持有条件的地区发展体育旅游，以体育赛事为平台，培育新的旅游消费热点。2013 年国务院办公厅发布了《关于印发〈国民旅游休闲纲要（2013—2020 年）〉的通知》，纲要中提出要加强国民旅游休闲产品开发与活动组织，积极发展自行车旅游、自驾车旅游、体育健身旅游、医疗养生旅游、温泉冰雪旅游、邮轮游艇旅游等旅游休闲产品，满足广大群众个性化旅游需求。2014 年国务院下发《关于促进旅游业改革发展的若干意见》，提出要积极推动体育旅游，加强竞赛表演、健身休闲与旅游活动的融合发展，支持和引导有条件的体育运动场所面向消费者开展体育旅游服务。2015年国务院办公厅发布《关于进一步促进旅游投资和消费的若干意见》，强调大力开发休闲度假旅游产品，鼓励社会资本大力开发温泉、滑雪、滨海、海岛、山地、养生等休闲度假旅游产品。2016年国务院印发《"十三五"旅游业发展规划》，指出要促进体育与旅游融合发展，建成一批具有影响力的体育旅游目的地和体育旅游示范基地，推出一批体育旅游精品赛事和精品线路，着力培育出具有国际知名度及市场竞争力的体育旅游企业及品牌，鼓励和引导特色体育设施、场馆和基地向旅游者开放，支持条件良好的地方举办影响力大的体育旅游活动，打造国家精品旅游带。

2.体育产业的政策支持

体育产业发展政策从多方面对体育旅游发展给予关注与扶持。2010年国务院办公厅发布《关于加快发展体育产业的指导意见》，提出将协调推进体育产业与旅游等相关产业的互动发展纳入了加快体育产业发展的重点任务，并明确提出要推动体育产业与旅游等相关产业的复合经营，促进体育旅游等相关业态的发展。为了进一步贯彻落实《关于加快发展体育产业的指导意见》，2011年国家体育总局印发了《体育产业"十二五"规划》，明确指出以体育旅游为重点，推动体育产业与相关产业的复合经营；充分利用体育运动休闲项目、体育赛事活动、大型体育场馆等体育资源，大力发展体育旅游产业，创建一批体育旅游示范区，鼓励各地建设体育旅游精品项目。2014年国务院出台了《关于加快发展体育产业促进体育消费的若干意见》，明确提出将促进体育旅游等相关业态发展作为主要任务。2016年国务院印发《全民健身计划（2016—2025年）》，指出体育部门要同旅游部门共同研究制定《体育旅游发展纲要》，开展好全国体育旅游精品项目推介，打造出一批体育旅游重大项目。2016年国务院办公厅印发《关于加快发展健身休闲产业的指导意见》，提出要促进产业之间互动融合，大力发展体育旅游产业，制定体育旅游发展规划纲要，实施体育旅游精品示范工程，编制国家体育旅游重点名录，支持和引导有条件的景区拓展体育旅游项目，鼓励国内旅行社结合健身休闲项目和体育赛事互动设计开发旅游产品和线路，鼓励和引导旅游景区、旅游度假区及乡村旅游区等根据自身特点，建设特色休闲设施。2018年国务院办公厅发布《关于加快发展体育竞赛表演产业的指导意见》，指出要依照体育竞赛表演行业发展规律，推动体育竞赛表演产业快速、健康、可持续发展。

3.全域旅游战略的政策支持

2016年全国旅游工作会议在海口召开，会议指出必须变革旅游发展模式，转变旅游发展思路，创新旅游发展战略，全面推进全域旅游建设。2016年国务院印发《"十三五"旅游业发展规划》，提出以抓点为特征的景点旅游发展模式向区域资源整合、产业融合、共建共享的全域旅游发展模式加速转变，旅游业与农业、林业、水利、工业、科技、文化、体育、健康医疗等产业深度融合；围绕全域统筹规划，全域资源整合，全要素综合调动，全社会共治共管、共建共享的目标，在推动综合管理体制改革方面取得新突破；创新规划理念，将全域旅游发展贯彻到城乡建设、土地利用、生态保护等各类规划中，在旅游引领"多规合一"方面取得新突破。2018 国务院办公厅印发《关于促进全域旅游发展的指导意见》，把推动全域旅游发展当作社会经济发展的重要抓手，指出推动旅游与科技、教育、文化、卫生、体育融合发展，促进"旅游＋体育"融合发展，要求大力发展冰雪运动、水上运动、山地户外运动、航空运动、汽车摩托艇运动等体育旅游，将开发区闲置空间、有条件景区、运动休闲特色小镇、体育场馆、美丽乡村打造成体育旅游的综合体，推动城市绿道、登山步道、骑行专线、交通驿站、慢行系统等旅游休闲设施的建设，打造具有文化、体验、运动、健身、教育、游憩、通达等复合型功能的主题旅游线路。

4.体育旅游产业的政策支持

体育旅游产业政策从多方面对体育旅游发展给予关注与扶持。2009 年国家体育总局、国家旅游局联合发出了《促进中国体育旅游发展倡议书》，要求体育部门和旅游部门要科学谋划，创新发展机制，积极探索促进体育旅游发展的工作方式与工作方法，研究制定相关政策措施，引导体育旅游产业的健康发展。2016 年中国体育旅游产业投融资促进大会召开，国家旅游局和国家体育总局在会上签署了《关于推动体育旅游融合发展的合作协议》，指出体育部门将本着"创新、协调、绿色、开放、共享"的发展理念，运用政策扶持、平台支撑和标准化推动等手段，全面推动旅游产业、体育产业的融合发展，引领经济的新常态。2016 年国务院办公厅发布《关于进一步扩大旅游文化体育健康养老教育培训等领域消费的意见》，督促国家旅游局、国家体育总局要出台促进体育与旅游融合发展的指导意见。2016 年国家旅游局和国家体育总局联合印发《关于大力发展体育旅游的指导意见》，提出要加快体育旅游发展，要引领健身休闲旅游发展，培育赛事活动旅游市场，培育体育旅游市场主体，提升体育旅游装备制造水平，加强体育旅游公共服务设施建设，并强调要健全完善体育旅游的保障措施。2017 年国家旅游局和国家体育总局联合发布《"一带一路"体育旅游发展行动方案》，强调以"一带一路"为突破口，推进沿线国家之间的体育旅游深度合作，加速国内沿线地区体育旅游的融合发展。

（二）体育旅游相关产业政策的特点

我国已发布的相关产业政策，具有以下特点。

一是产业融合导向性。国家经济的快速发展，人民生活水平的提高，居民收入的增加，闲暇时间的保障，使得国民不再只关注体育的健身与竞技功能，而开始注重体育的休闲功能，国民的旅游需求不再局限于观光旅游，而是希望能进一步拓展旅游的参与性，这就为体育产业与旅游产业之间的融合发展提供了动力与机遇，多项产业政策顺应这一趋势，积极引导体育产业与旅游产业的融合发展，以及体育旅游产业与其他相关产业的融合发展。

二是稳定性和连续性。从 2009 年开始，从中央到地方各级政府、部门持续、密集印发多项促进体育旅游产业发展的政策文件，呈现出政策的稳定性和连续性，有利于稳定和增强社会对体育旅游产业的投资信心，对体育旅游发展产生极大的推动作用，也为体育旅游产业的全域化发展带来了全新机遇。

三是全面性和指导性。密集出台的多项政策都对促进体育旅游发展具有较强的指导性。体育产业政策、旅游产业政策和全域旅游发展政策中均涉及体育旅游发展的内容，或强调发展目标，或对具体领域或项目的发展方向给予引导，对体育旅游精品工程的打造、市场主体的培育、配套装备制造业的扶持、基础设施的建设以及体育旅游人才的培养和环境保护等方面都有具体关注，为体育旅游发展提供了全方位的保障和指导，对体育旅游发展起到积极推动作用。

四是强调部门协作性。推动体育旅游发展的相关产业政策，涉及多部门的协作共进，强调工作推进需要多个部门的共同合作，促进形成多部门联动机制，有力助推体育旅游又好又快发展。

（三）体育旅游产业政策支持途径

健全的体育旅游政策明确了体育旅游产业的发展与改革方向，成为促进体育旅游产业健康发展的重要保障，相关政策的颁布实施为我国体育旅游发展提供了具体发展方向与实施途径，创造了良好的制度环境。

1. 资源共享

为推动体育旅游发展，在全域旅游发展战略和国家所颁布的旅游产业政策文件中多强调体育产业与旅游产业之间资源共享的态势。资源是产业发展的现实基础，共享能实现有限资源的效用最大化，通过政策的支持，旅游产业与体育产业之间的资源共享有利于打破传统的产业资源观，确立大资源观和资源共享理念，充分发挥产业资源共享对产业发展的重要作用，通过突破技术边界和市场边界的方法，贡献自身资源，并借用另一产业的优质资源，在资源利用方面实现优势互补，形成合作共赢的产业融合环境。体育产业资源中的体育赛事、体育场馆、体育民俗活动、体育会展等都可以作为旅游观光体验的对象，而旅游产业资源中的风景区、休闲公园、酒店等可以为体育参与者提供赛事或健身的场所。我国丰富多彩的旅游资源与体育资源间的共享将会为我国体育旅游产业的发展提供良好的资源保障。

2. 资金保障

2016 年国家旅游局、国家体育总局联合发布的《关于大力发展体育旅游的指导意见》、2018 年国务院办公厅印发的

《关于促进全域旅游发展的指导意见》等政策文件，都提出要加强体育旅游产业发展的资金保障，强调通过现有资金渠道，加大旅游基础设施和公共服务设施建设投入力度，鼓励地方统筹相关资金支持"旅游+"的发展，引导社会资本以多种方式参与体育旅游产品开发和项目建设，鼓励金融机构按照风险可控、商业可持续原则加大对体育旅游企业的金融支持。另外，在国家政策的引导与推动下，各省市也开始逐步成立专项基金，为体育旅游产业发展提供资金保障。如安徽省在2016年发布了《安徽省省级体育产业专项资金管理办法》，规定为达到一定规模的自创体育品牌赛事活动给予直接的资金支持："对自创品牌体育赛事活动给予定额奖补。国际品牌体育赛事活动一次性补助100万元，全国品牌体育赛事活动一次性补助80万元，全省品牌体育赛事一次性补助50万元。"① 更多资金投入到体育赛事和基础设施等体育旅游领域，极大地保障了我国体育旅游的稳定健康发展。

3. 旅游目的地建设

2016年国家旅游局、国家体育总局联合发布的《关于大力发展体育旅游的指导意见》指出，"到2020年，在全国建成100个具有重要影响力的体育旅游目的地，建成100家国家级体育旅游示范基地，推出100项体育旅游精品赛事，打造100

---

① 安徽省财政厅、安徽省体育局：《安徽省财政厅安徽省体育局关于印发〈安徽省省级体育产业专项资金管理办法〉的通知》，安徽省财政厅，http://czt.ah.gov.cn/public/7041/145478761.html，最后访问日期：2020年12月9日。

条体育旅游精品线路"。①2018 年国务院办公厅印发的《关于促进全域旅游发展的指导意见》明确提出，"将城市大型商场、有条件景区、开发区闲置空间、体育场馆、运动休闲特色小镇、连片美丽乡村打造成体育旅游综合体"。②2019 年国家体育总局和发展改革委发布了《进一步促进体育消费的行动计划 (2019—2020 年)》，要求相关部门将持续推进体育和旅游、文化等产业融合发展。鼓励和引导利用废旧厂房等现有设施，持续推进公共体育场馆的改进工程，增加体育场地设施和功能，改造成体育综合体；"支持旅游景区引入体育资源，增设体育消费项目，升级成体育与旅游高度融合的体育综合体；细化落实运动休闲特色小镇规划建设，积极推进航空飞行营地、汽车自驾运动营地、山地户外营地建设；把美丽乡村串联成集旅游、文化、休闲、观光于一体的体育综合体"。③

二、生态环境

体育旅游的发展是和生态环境紧密联系在一起的。一方面，任何体育旅游活动都离不开良好的生态环境，良好的生

---

① 国家旅游局、国家体育总局：《国家旅游局 国家体育总局关于大力发展体育旅游的指导意见》，旅发〔2016〕172 号，国家体育总局网，http://www.sport.gov.cn/n316/n336/c781832/content.html，最后访问日期：2019 年 12 月 24 日。

② 国务院办公厅：《国务院办公厅关于促进全域旅游发展的指导意见》，国办发〔2018〕15 号，中国政府网，http://www.gov.cn/zhengce/content/2018-03/22/content_5276447.htm，最后访问日期：2020 年 4 月 7 日。

③ 杨磊：《〈进一步促进体育消费的行动计划（2019—2020 年）〉公布》，人民网，http://sports.people.com.cn/n1/2019/0115/c22155-30541352.html，最后访问日期：2019 年 11 月 12 日。

态环境是体育旅游活动开展的基础。在青山绿水中参与体育旅游活动，进行徒步、登山、攀岩、漂流、滑雪、山地自行车等运动，才能亲近自然、感受大自然的震撼与魅力，使消费者在增进身体健康的同时，真正体验到体育旅游带来的放松和愉悦。另一方面，体育旅游的发展也有利于生态环境的改造。体育休闲旅游本身是一种绿色低碳的健身休闲娱乐方式，对于促进人们树立自觉保护生态环境的意识、培养良好行为习惯具有良好的生态文明教育与宣传作用。而且，体育旅游示范基地、体育旅游公园、运动休闲特色小镇等本身也是生态环境的构成部分。所以，体育旅游发展与生态环境建设是相辅相成的，随着国家对生态环境保护重视程度的提高，我国生态环境持续改善，为体育旅游的可持续发展奠定了坚实的基础。

生态环境建设强调在人与自然和谐统一的基础上，推动社会经济的发展和人民生活水平的提升，实现人类社会经济、文化系统与自然生态系统的平衡与协调。党的十八大把生态文明建设纳入中国特色社会主义事业"五位一体"总布局的战略决策之中；十八届三中全会提出加快建立系统完整的生态文明制度体系；十八届四中全会要求用严格的法律制度保护生态环境，党中央、国务院印发的《关于加快推进生态文明建设的意见》，明确提出生态文明建设水平与全面建成小康社会目标相适应的发展战略；十八届五中全会审议通过《中共中央关于制定国民经济和社会发展第十三个五年规划的建议》，首次将生态文明建设写入国家五年规划之中；"十三五"发展规划明确提出加快改善生态环境的发展目标。为了保障生态环境的持续改善，各级政府部门也出台了一系列政策文件，如《江苏省生态环境保护工作责任规定》《安徽省生态环境保护工作职责》等。生态文明建设上升为国家战略，党中央把生态文明建设作为统筹推进"五位一体"总体布局和协调推进"四个全面"战略布局的重要内容，谋划开展了一系列根本性、长远性与开创性的工作，提出了一系列新思想、新理念、新战略，推动生态环境保护从认识到实践发生了转折性和全局性的变化。各地区认真贯彻落实党中央、国务院决策部署，生态环境保护制度体系加快形成，全面节约资源有效推进，大气、水、土壤污染防治行动计划深入实施，生态系统保护和修复重大工程进展顺利，生态环境建设成效显著。

（一）治理措施

当前我国环境保护的立法体系越来越健全，配套的规章制度陆续出台，相关规范越来越具有体系性，越来越具有可操作性，从中央到地方层面采取的多种措施得到顺利实施。

第一，生态体系制度建设持续发力。自然资源资产产权制度、国土开发保护制度、空间规划体系、资源总量管理和节约制度、资源有偿使用和补偿制度、环境治理体系、环境治理和生态保护的市场体系、绩效考核和责任追究制度等8方面的制度、共85项改革任务和成果，构成了源头严防、过程严管、后果严惩的生态文明治理体系。环境保护法、大气污染防治法、水污染防治法、环境影响评价法、环境保护税法等法律完成制修订，打击环境违法行为力度空前。科学规范、运行有效的制度体系为生态环境治理与保护提供了有力的保证。

第二，具体措施更加精准全面。开征环保税是推进生态环境建设的系列举措之一。包括环境财政、环境价格、生态补偿、绿色税收、绿色金融、环境市场、环境资源价值核算等内容的环境经济政策框架体系已基本建立。生态环境损害赔偿制度在改革试点基础上进行推广是生态文明制度体系建设的重要组成部分，也是实行最严格的生态环境保护制度的具体实践。2015 年中共中央办公厅、国务院办公厅部署生态环境损害赔偿制度改革工作，次年开展生态环境损害赔偿制度改革试点工作，深入开展多件案例实践，在鉴定评估、修复监督、资金管理等方面取得阶段性进展，更多相关具体措施也得以顺利施行。

第三，科技助力。我国生态环境科技不断发展创新，在污染防治、生态保护与修复、促进高质量发展等方面发挥了重要作用。当前数据科学与信息时代的技术机遇是我国生态治理的重要助力，大数据、人工智能、地理信息技术等科技手段，能够在防治土地退化、草原保护等生态治理工作中更有效地收集信息，从而帮助生态治理者更准确地了解生态环境状况，做出系统、科学的决策。生物技术对于改善生态环境大有空间，依靠生物技术不仅可以培育抗旱、抗盐碱的生物新品种，以遏制我国土地沙化、荒漠化加剧的势头，还能培育高效的降解生物，用来处理固体垃圾等。

（二）治理成效

当前我国新的发展理念和生态文明观不断清晰，全社会的生态文明共识不断深入，生态文明体制改革全面部署，体制机制稳步改革，环境保护督察在实践中深化，环境司法体制日益健全，全国上下坚决打好生态环境治理战役，自然生态保护和修复力度大大提高，水体环境保护、空气质量改善、土壤保护等方面持续改善，出现稳中向好趋势。

第一，从大气环境来看，空气质量继续改善，污染程度有所减轻。"2018 年全国 338 个地级及以上城市中有 121 个城市达标，同比增加 22 个；全年优良天数比率为 79.3%，同比提高 1.3 个百分点，重度及以上污染天数比率同比下降 0.3%；PM2.5 浓度同比下降 9.3%。重污染天气过程的峰值浓度、污染强度、持续时间和影响范围均明显降低。"①

第二，在水环境状况方面，"'十三五'以来，全国地表水优良水体逐年增加、重度污染水体逐年减少，国控断面水质优良比例累计上升 8.9 个百分点，劣 V 类比例下降 6.3 个百分点，已提前完成'十三五'目标任务；全国地级以上城市集

---

① 刘华东、曾冰：《2018 年，我国生态环境持续改善，稳中向好》，光明日报，https://epaper.gmw.cn/gmrb/html/2019-04/22/nw.D110000gmrb_20190422_2-02.htm，最后访问日期：2019 年 7 月 14 日。

中式饮用水水源水质达标率稳定保持在 90% 以上；全国海水水质稳中向好"[①]。

第三，在森林农田土壤环境状况方面，全国土壤环境风险管控进一步强化，部分地区耕地土壤污染加重趋势得到初步遏制，森林草地绿化双增长。我国森林覆盖率由 40 年前的12%，提高到了 22.96%，森林蓄积量增加了 85 亿立方米。在全球森林资源持续减少的背景下，我国森林面积和森林蓄积量保持双增长，成为全球森林资源增长最多的国家。2018 年我国天然林资源保护工程造林 27.3 万公顷，管护森林面积 1.3 亿公顷，三北及长江流域等重点防护林体系工程完成造林 80.5 万公顷，我国营造出了全世界面积最大的人工林，防沙治沙249 万公顷，石漠化综合治理营造林 26.3 万公顷。全国荒漠化和沙化土地面积连续保持双减少。[②]

良好的生态环境是人们享受美好生活的前提，也是发展体育旅游的重要基础。体育旅游目的地生态环境特征是影响其健康发展的重要因素，优良的生态环境才能激发人们积极体验和参与体育旅游。当前我国生态环境持续向好，盎然绿色不断拓展，为体育旅游的可持续发展打下坚实基础，也吸引着越来越多的体育旅游爱好者参与到体育旅游中来。

[①] 刘瑾：《我国生态环境质量总体改善》，新华网，http://www.xinhuanet. com/politics/2020-06/06/c_1126081498.htm，最后访问日期：2020 年 10 月 13 日。

[②] 刘毅、寇江泽：《森林覆盖率升至 22.96%，荒漠化和沙化土地面积连续减少 我国生态环境持续向好》，人民网，http://www.gov.cn/xinwen/2019-05/28/ content_5395231.htm，最后访问日期：2019 年 6 月 12 日。

三、经济环境

旅游活动是在一定的社会经济条件下所产生，并伴随着社会经济的发展而发展的一种综合性社会活动，是国民经济发展到一定阶段的必然产物，它在人们旺盛的需求中逐渐发展，在丰富人们生活的同时也有力促进了社会经济的发展。当前国民经济的平稳发展、居民收入同步增长与供给侧结构性改革为体育旅游发展提供了极大的助力。

（一）国民经济平稳发展，居民收入同步增长

自改革开放以来，中国一直保持较高的经济发展速度，随着近年来经济发展方式从规模速度型粗放增长向质量效率型集约增长，经济发展动力将从传统增长点转向新的增长点，国民经济向形态更高级、结构更合理的阶段演化。在经济发展进入新常态的背景下，我国经济运行总体处于合理区间，经济增速在全球经济体中仍是较高的，结构调整出现积极变化，农业发展态势良好的基础上服务业比重持续上升，服务业成为我国经济增长的重要推动力，经济增长质量有所提升，人民生活水平不断提高。这就为旅游业的发展带来了新的机遇。"十二五"期间我国经济增长速度领先全球主要经济体，"十二五"前4年国内生产总值年均增长8.0%，经济结构逐步优化升级，从以前主要依靠劳动力数量和资本存量增长转变为依靠科学技术和人力资本增长来驱动经济发展，从以前主要依靠第二

产业发展转变为依靠服务业发展来促进经济增长，2014 年服务业对增长的贡献率提高到 48.9%。2014 年我国 GDP 总量为 10.4 万亿美元，占据世界第二位。[①]2011—2014 年我国对世界经济增长的贡献率超过 25%，居民收入稳步增长，人均国民总收入由 2010 年的 4300 美元提高至 2014 年的 7380 美元，在中等收入国家中的位次不断提高。[②]2019 年全年国内生产总值 990865 亿元，按可比价格计算，比上年增长 6.1%，符合 6%—6.5% 的预期目标，全年全国居民人均可支配收入 30733 元，比上年名义增长 8.9%，增速比上年加快 0.2 个百分点。[③] 在经济稳定发展、居民收入水平提高的背景下，居民消费动力逐步增强、消费结构继续升级，极大地促进了旅游市场规模继续保持高速增长。体育旅游作为其重要组成部分，处于重要的机遇期，也得以快速发展。

（二）供给侧结构性改革

我国 2015 年提出针对旅游供给不平衡、不充分现象进行深入调整和深化改革，提高旅游供给配置效率和能力，也就是进行旅游供给侧结构性改革。供给侧结构性改革是指通过

---

① 佚名：《我国经济社会发展取得新的重大成就》，经济日报，http://paper. ce.cn/jjrb/html/2015-09/30/content_264611.htm，最后访问日期：2020 年 6 月 24 日。

② 林兆木：《"十二五"时期我国发展取得重大成就》，光明日报，https:// epaper.gmw.cn/gmrb/html/2015-11/16/nw.D110000gmrb_20151116_5-03.htm，最后访问日期：2019 年 12 月 12 日。

③ 国家统计局：《统计局：2019 年国民经济运行总体平稳 发展主要预期目标较好实现》，统计局网站，http://www.gov.cn/xinwen/2020-01/17/content_5470097.htm，最后访问日期：2020 年 3 月 2 日。

调整经济结构，矫正要素的扭曲配置，提高全要素生产率，扩大有效供给，提高供给结构对需求变化的适应性和灵活性，以更好地促进社会经济的可持续高质量发展。2015年12月召开的中央经济工作会议对供给侧结构性改革从理论到实践作了全面阐述，从顶层设计、政策措施、重点任务作了全面部署。会议强调，推进供给侧结构性改革，是适应和引领经济发展新常态的重大创新，是适应国际金融危机发生后综合国力竞争新形势的主动选择，是适应我国经济发展新常态的必然要求。供给侧结构性改革更加关注经济发展的质量和效益，通过宏观调控，规范市场行为，引导社会心理预期，调整产业结构，推进城镇化进程，科学合理地配置资源，注重推进高水平双向开放，以实现社会、经济、生态环境的均衡协调发展。自2015年"供给侧结构性改革"首次提出以来，从中央到地方对供给侧结构性改革的认识不断深化，一系列改革举措不断出台，改革成果不断显现，中国经济可持续增长的"新红利"不断释放。2016年各地区各部门以五大重点任务为抓手推动供给侧结构性改革，2017年中央推动五大重点任务取得实质性进展，产业结构加快升级，改革红利持续加快释放。2018年，又明确了供给侧结构性改革重点要在"破""立""降"上下功夫。从中央到地方都将供给侧结构性改革作为主线，持续将改革推向纵深，促进了经济向高质量发展阶段转变。

供给侧结构性改革为体育旅游发展带来新的机遇。发展体育旅游本身就是供给侧结构性改革的有机组成部分，是供给侧结构性改革在旅游业领域里的着力点之一。

一是在优化旅游产品结构中助推体育旅游发展。供给侧结构性改革的目的是努力提高供给质量，调整产业结构，优化资源配置，扩大有效供给以满足有效需求，从而促进经济社会和谐持续发展。供给侧结构性改革强调有效供给，主要任务之一就是不断满足人们日益增长的需求，而我国旅游业长久以来存在有效供给不足、供需错位等问题，旅游爱好者对旅游的消费需求越来越多元与个性化，旅游产品结构不合理与广大消费者日趋多元的旅游消费需求不相适应问题凸显，而体育旅游作为旅游产业与体育产业融合的新业态，在提供优质旅游产品满足人们日益增长的旅游需求时，能够优化产业结构、助力经济转型升级，契合了供给侧结构性改革的内在要求，是推动旅游发展的重要动力。

二是在促进旅游公共服务体系的完善中助力体育旅游。旅游公共服务体系是旅游目的地建设中最为重要的核心内容之一，也是复杂程度与困难程度最高的内容之一。我国旅游发展的重要短板是未能建立起满足消费者多样化需求的旅游公共服务体系，有效供给不足、供给效率低下和供给质量不高问题较为凸显，供给侧改革实质是改革政府公共政策供给方式，建立多元化供给机制，能够完善旅游综合协调机制，大力提升旅游信息化水平，完善公共服务体系，为体育旅游的发展奠定基础。

四、技术环境

科学技术是第一生产力，是推动产业发展的重要力量。科技创新不仅改变着传统的生产和生活方式，也在改变着旅游业的发展方式，不仅是优质旅游产业的发展动力，也是传统旅游迈向优质旅游的必由之路。以科技创新驱动高质量发展，是经济发展新动力，体育旅游作为新兴产业、朝阳产业，要实现高质量发展，同样离不开科技创新。如今科技创新已经渗透到体育旅游发展的全过程，对体育旅游产业链条进行重塑，无论是体育旅游的出行方式、体育旅游产品的设计开发，还是体育旅游的销售管理，无不蕴藏着科技创新的力量。

科技已经成为推动经济社会发展的主导力量，是国家竞争力的关键因素。当前科技成果产业化周期缩短、全球化速度加快，世界各国都将科技创新作为国家战略，超前部署和发展科技与产业，并把科技投资作为战略性投资，科技预算比重不断上升。改革开放以来，我国一直重视科技创新与发展，制定了相应的政策与战略，近年来更连续推出相应政策与实施细则。2016年国务院印发了《"十三五"国家科技创新规划》，明确了"十三五"时期科技创新的总体思路、发展目标、主要任务和重大举措，是国家在科技创新领域的重点专项规划。通知从创新主体、创新基地、创新空间、创新网络、创新治理、创新生态六个方面提出建设国家创新体系的要求，并进行了系统部署。各地市也不断推出加快科技创新政策的实施细则，2018 年长春市印发《中共长春市委、长春市人民政府关于大力推进科技创新的实施意见》，呼伦贝尔市印发《促进科技创新若干意见实施细则》，2019 年绍兴市印发《关于加快科技创新的若干政策实施细则》，明确规定创新主体、创新成果转化的推进目标与措施等内容。科技发展战略与相应细则的颁布与实施，为科技创新奠定了坚实的基础。在制定科技创新发展战略和实施细则基础上，我国政府投入大量的人力、物力和财力，以保障众多科技计划的顺利实施，进而在科技创新方面取得卓越成绩。"我国研发人员总量占到世界总量的 25.3%，超过美国研发人员总量占世界总量的比例 (17%)，居世界第一"，[①] 申请和授权专利数量快速增长，高新技术产业群迅速崛起。当代科技发展的特点之一是科技经济一体化与高新技术产业化，强调市场导向，科技的发展进一步为经济发展服务，与市场紧密相结合，促进产业结构的优化与发展，而更好地服务于人们的衣、食、住、行，其中也包括了体育旅游。

科技创新为体育旅游发展带来良好机遇，并通过多种途径促进体育旅游发展。其一，科技创新改善了旅游的基础设施条件，提升了基础设施服务的安全性、便利性、舒适性等，提高体育旅游品质。体育旅游目的地的可及性、旅行过程的舒

---

① 常红：《中国科技人力资源总量和研发人员均居世界第一》，人民网，http://world.people.com.cn/n/2014/0903/c1002-25595686.html，最后访问日期：2020 年 7 月 7 日。

适度和体验感等都是影响旅游业发展的重要因素，高科技的运用使旅游交通和基础设施条件得到根本改善。如高铁技术的全面普及，使铁路运行效率大为提高，缩短了人们与旅游目的地的时间距离，旅游出行的便利性极大提升。同时，体育旅游目的地借助现代科技手段改善旅游基础设施条件，提高了消费者体育旅行的便捷性和安全性。如在科技创新背景下，宽带网络速度和密集性、覆盖面大大提升，体育旅游消费者在一些特殊的山体类体育旅游目的地也能顺利与外界沟通，旅行的安全性与便捷性大幅提升。

其二，科技创新有助于体育旅游资源的保护性开发，提升旅游产品质量，丰富旅游产品种类，提高旅游产品附加值。科技创新能够有效地保护或再现体育古迹旅游资源和非物质文化资源，有利于体育文化遗产的保护性旅游开发，增强体育旅游可持续发展的能力；能够对植物种群形成有效保护，保持体育旅游生态环境的吸引力；能够衍生出新的体育旅游吸引物，或提升体育旅游的吸引力，如大型体育赛事的开幕式、闭幕式或体育主题公园，运用高科技舞台灯光、投影屏幕，配合虚拟影像，带来更震撼的视觉享受，强化了消费者体育旅游的体验。

其三，科技创新有助于体育旅游管理智慧化。通过云计算和大数据技术，及时利用和分析信息，掌握消费者的状态，从而针对性地提供更精准、优良与个性化的体育旅游产品营销服务；借助互联网模式，构建线上、线下一体化运作模式，能够更便捷广泛地对体育旅游产品或目的地进行宣传与营销；利用大数据技术与视频通信云技术，可实现对体育旅游目的地环境与服务质量的监控，及时有效预警，提高体育旅游目的地的应急管理能力。另外，蹦极跳、高山攀岩以及各种探险旅游等项目的开发和维护同样离不开现代高科技的支撑。

五、2022 年北京冬奥会

除了环境因素助力外，2022 年冬奥会的举办也会为我国体育旅游快速发展带来新的机遇。举办冬奥会将促成"三亿人参与冰雪运动"，冰雪体育与冰雪旅游相辅相成，冬奥会的举办不仅可以促进体育产业与旅游产业融合发展、合作共赢，而且能推动北京和张家口地区打破行政壁垒，加强区域旅游合作。冬奥会的申办与承办是京张合作、优势互补的结果，两地合作下的申办与承办是打破行政区域划分、实行区域合作的创新之举，有助于完善两地的交通基础设施建设与赛事旅游合作，同时也为开发新的体育旅游市场带来新的契机。京津冀地区的高原森林冰雪、蓝色滨海以及山地峡谷等共同构成了体育生态旅游带，北京冬奥会的举办将促进这一旅游带的建设与发展，并对其他地区体育旅游的区域合作带来良好的示范与带头作用。

第二节　中国体育旅游发展面临的挑战

当前我国体育旅游发展也面临着诸多挑战，突出表现在体育旅游发展区域不平衡、激烈的国际竞争以及管理体制不够完善等方面。

一、体育旅游发展区域不平衡

体育旅游发展的区域不平衡问题由来已久，主要表现为"东强西弱、南强北弱"。

首先，竞技体育赛事旅游产品分布不平衡。我国的西北部地区多拥有较好的生态资源，提供了发展旅游的天然基础。但受限于交通基础设施不完善、区域经济发展水平较低等因素，其旅游发展方式相对粗放，政府在经济、税收等方面的扶持力度有限，市场化开发程度相对较低；宾馆、体育基础设施建设较为落后，接待能力不强；竞技体育赛事旅游产品引入较少，多是常规性的全国性球类联赛。"在西部大开发的战略背景下，西北部地区承办的赛事逐年增加，西部 12 省区市在 2001—2010 年间承办全国性体育单项比赛的数目逐年增加，平均每年承办的比赛占到全国总数的 23.46%，但鉴于这 12 省区市的人口与面积，比例明显偏低。"① 虽然西北部地区引入的

① 安智清：《从承办全国性体育赛事视角分析西部地区体育竞赛资源状况》，北京体育大学硕士学位论文，2012，第 31 页。

一些知名赛事也已发展成为特色赛事，如环青海湖国际公路自行车赛，举办多年来已经升级为亚洲顶级赛事，跻身为重要国际自行车赛事之一，并发展成为西部体育的一张重要名片，但较东南部地区而言，西北部地区承办的高水平赛事还是偏少。

东南部地区体育旅游目的地的接待能力、旅游产品的丰富度和服务水平，明显优于西北部地区。上海在过去的十多年时间里，每年举办的赛事数量都在不断增加。"2018 年赛事活动就有 175 场，其中国际性的比赛有几十场，比较有影响力的像 F1，包括 ATP，包括钻石联赛等等。"① 自 2014 年国务院提出"取消商业赛事和群众性体育赛事活动审批，加快全国综合性和单项体育赛事管理制度改革"以来，江苏省体育赛事规模不断扩大，办赛主体日趋多元，体育竞赛的溢出效应、辐射功能和拉动作用日益彰显，体育竞赛表演产业成为推动体育旅游产业快速发展的重要力量。"2016 年至 2019 年共举办全国以上高水平赛事 600 项次以上，年均 150 项次以上；培育了多项国际一流、具有自主知识产权的品牌赛事和一批深受群众喜爱的体育赛事活动。"② "十二五"期间，浙江知名

---

① 宋祖礼、汪伟秋：《"未来会有更多赛事落户上海"人大代表谈打造"国际赛事之都"》，东方网，http://www.spcsc.sh.cn/n1939/n1944/n1945/n2436/u1ai184244.html，最后访问日期：2019 年 11 月 20 日。

② 叶勇：《江苏出台〈体育赛事活动管理办法实施细则〉，8 月 1 日起实施》，新华报业网，http://xhby.net/js/sh/202007/t20200720_6735129.shtml，最后访问日期：2020 年 9 月 25 日。

赛事举办数量逐年递增，"浙江省每年承办全国以上体育赛事100余项、省级比赛300项以上，省级以上赛事数量仅次于江苏省，位居全国第2位。2016年承办国际性赛事14项、全国性赛事111项。2017年共有42个赛事被收入《浙江省重点培育品牌体育赛事名录库（2017）》"。①从全国赛事资源分布来看，承办赛事较多的是上海、北京、江苏、福建、浙江、山东、广东等地，西北部地区由于交通、体育场地等资源和经济发展状况的限制，承办赛事较少，我国的竞技体育赛事旅游产品分布呈现出明显的区域不平衡状态。

其二，体育休闲旅游资源开发、产品分布和区域合作不平衡。西北部地区经济相对落后，政府政策倾斜和经费支持有限，市场机制尚未很好地运作，休闲旅游资源未得到充分开发，明显弱于东南部地区。如在运动休闲小镇的规划与建设方面，国家体育总局公布的第一批运动休闲特色小镇试点项目多分布于东南沿海地区，广东、山东、上海、江苏、浙江等地区的项目数量都在3个以上，而新疆、青海、宁夏和西藏等西北部地区都只有1个项目。东南部和西北部地区之间无论是体育旅游资源的开发还是潜在体育旅游消费能力均呈现出一种不平衡的状态。另外，我国已经形成京津冀、长江三角洲、珠江三角洲、黄河三角洲和山东半岛蓝色经济区等

---

① 王霞光：《中国铁人三项联赛入库重点培育赛事》，人民网，http://sports.people.com.cn/n1/2017/0804/c383225-29450811.html，最后访问日期：2020年9月4日。

旅游生态圈，各生态圈便捷的交通条件和较为成熟的合作机制，都为体育旅游的区域合作发展奠定了较好的基础，而西北部体育旅游的区域合作之路尚需要进一步的探索与经验积累，这在一定程度上也给当地体育旅游的健康快速发展带来挑战。

二、国外体育旅游市场的强势竞争力

关于旅游目的地"竞争力"的研究与评价是旅游学界研究的热点课题，学者们从企业、产业、区域、国家等不同的角度对"旅游竞争力"进行过探讨。无论是从旅游目的地本身的含义还是从消费者的整体经历角度考虑，旅游目的地都是旅游竞争力研究的最佳落脚点。[①] 在学者所做的界定中，"竞争力"所要表达的核心含义基本有两层：第一，竞争力强调的是一种"经济能力"；第二，竞争力是一个比较的产物，它的落脚点在于不同竞争主体之间的强弱比较，通过市场占有率、盈利率等终极表现形式来反映。金碚（2004）认为"在市场经济中，竞争力最直观地表现为一个企业能够比其他企业更有效地向市场上的消费者提供产品或服务，并且能够获得自身发展的能力或者综合素质"。竞争力最基本的显示性指标就是市场占有率和盈利率。[②] 目前，从生产力和盈利角度界定国际竞争力的方法得到广泛认可。体育旅游产业竞争力指

---

① 臧德霞、黄洁：《关于"旅游目的地竞争力"内涵的辨析与认识》，《旅游学刊》2006 年第 12 期。

② 金碚：《何为企业竞争力》，《传媒》2004 年第 6 期。

向市场提供产品和服务并努力抢占更多市场份额，从而获取盈利和促进自身可持续发展的能力，其评价指标多样，政府调控力、要素供给力、市场需求力、企业竞争力和关联产业支持力是其重要构成。[①]本部分主要从反映市场需求力的旅游人数和反映要素供给力的体育旅游资源两个方面分析国外体育旅游市场的强势竞争力。

体育旅游出境游人数快速发展。随着体育旅游迅速发展，不仅国内体育旅游消费快速增长，出境观赛旅游的人数呈现逐倍增长趋势，并成为一种潮流。在消费升级和建设"健康中国"的大背景下，出境观赛游不再只是真正体育迷的专利，越来越多的中产人群开始有意识地将观赛列为出境游的特殊体验，而且愿意与家人和孩子同往。观赛游产品选取的多是顶级赛事的热门场次，其中足球、NBA、网球项目的出境观赛游产品颇受消费者青睐。数据显示，"不到四年时间，跟随凯撒旅游境外观赛游的客人不断增长，2014年只有几十人，到2016年已壮大到近500人。对于西甲的观赛场次，也从最初的个位数场次迅速增至近40场，以NBA为核心的篮球观赛游，出行客人数量也成倍增长"。[②]2016年欧洲杯、奥运会两大世界顶级赛事连番上演时，黄皮肤、黑头发的观众成为体

---

① 王玉珍:《中国体育旅游产业竞争力研究》，北京体育大学博士学位论文，2013，第103页。

② 佚名:《凯撒旅游解读体育观赛游趋势：境外观赛有望成亲子游新选择》，中国旅游新闻网，http://www.cntour2.com/viewnews/2017/09/15/JCBllwsKOvOlihQWNOZp0.shtml，最后访问日期：2020年2月1日。

育赛事和旅行社争夺的焦点，不少中国消费者不惜花几万甚至几十万的费用出国观赛。出境游的体育旅游市场潜力巨大，增长迅速。2016 年欧洲杯期间订购观赛产品的中国消费者比 2014 年巴西世界杯期间增长了 5 倍，决赛、半决赛线路更是上线一天内就售罄。2016 年携程主题游平台上线"体育赛事"频道，上线半年时间，"体育赛事"已经成为主题游平台 24 个产品品类中仅次于徒步、健康理疗的最受欢迎的品类。该品类先后上线了 NBA 常规赛观赛产品、欧洲杯观赛产品、英超产品、全球马拉松观赛与参赛产品、澳网、温网观赛、F1 赛事、UFC、高尔夫公开赛、韩国跆拳道赛事等近百条赛事产品，主要覆盖在人气目的地举办、在中国体育迷中有影响力的赛事，获得了良好效果。除了观赛旅游，还衍生了相关产品，如针对体育迷的观看球员训练，参观球队更衣室、荣誉室等深度赛事产品。[①] 除了出境观赛游，出境参与型体育旅游需求也逐渐增长。一项调查显示，随着近几年国内滑雪市场的快速发展和 2022 年冬季奥运会的来临，中国消费者对境外滑雪旅游的需求也在迅猛增长。"在 3000 个统计样本中，37% 的中国滑雪者曾前往异地滑雪，18% 的受访者曾前往海外滑雪，

---

① 佚名:《中国游客出国观赛呈现冰火两重天，奥运线遇冷》，新浪网，http://sh.sina.com.cn/travel/message/2016-07-13/1606208433.html，最后访问日期：2019 年 5 月 21 日。

三大首选海外目的地分别为日本、韩国和瑞士。"[1] 携程发布的《滑雪游人气排行榜》中的有关统计显示，中国消费者在境外滑雪的人均消费为 9893 元。[2] 除欧锦赛、奥运会、英超、欧冠等常规赛外，多家旅行社还为中国体育迷或体育旅行爱好者准备了丰富的体育旅游产品，提供了专业体育赛事与当地体育活动以供挑选。境外体育赛事旅游人数的不断增长说明国内体育爱好者对境外体育旅游市场需求力的提升，国外体育旅游市场具有强势竞争力。

国外具有丰裕和高知名度的体育旅游资源。体育旅游资源能否成功吸引中国消费者来参与，与其质量或知名度密切相关。体育境外游比重的增加，在印证国民体育消费观念与水平提高的同时，也侧面说明了国外，特别是欧美国家拥有一定数量的优质体育旅游产品。欧美高质量的国际观赏类赛事资源早已被国人广为熟知，如欧洲杯、NBA 和 F1 等，这些优质的赛事资源对中国体育爱好者有着极强的吸引力。

国外参与型体育旅游资源种类齐全，且得到较好的开发。如欧美优质的雪场资源及其易达性对滑雪爱好者产生了强大的吸引力。目前全球国际滑雪爱好者最主要的目的地依然是

---

[1]　陈静：《中国游客出境滑雪需求增长 83% 受访者在意装扮》，中国旅游报，https://sports.qq.com/a/20171022/010717.htm，最后访问日期：2020 年 3 月 24 日。

[2]　陈炜敏：《冬季传统主打旅游产品升温 冰雪和温泉是游客"最爱"》，舜网，https://news.e23.cn/jnnews/2020-01-15/2020011500284.html，最后访问日期：2020 年 1 月 15。

欧洲，西欧和东欧垄断了约 8 成的国际滑雪市场，仅阿尔卑斯山周边就有雪场 100 多个。海拔高、雪质好的瑞士拥有数量众多的雪山和 200 多个滑雪场，堪称滑雪天堂。阿尔卑斯山的高海拔，保证了大量优质的雪源，许多大型滑雪场拥有数十条雪道，雪道最长达 20 公里，足以让滑雪者充分体验滑雪乐趣，而便利的交通和数量颇丰的滑雪场缆车则增添了更多助力。瑞士滑雪场登山设施齐全，拥有 13 条齿轨铁路、50 辆登山缆车和 600 条空中索道等，包括欧洲最高的缆车站和最高的火车站。① 大部分滑雪场 12 月份到 4 月份开放，海拔高的滑雪场则会在 11 月份开放，更有全年开放的滑雪场，可供消费者在夏季玩乐。同时，瑞士拥有约 4000 名专业滑雪教练，每个滑雪场均设有滑雪学校，每日或每周提供个人或团体课程。② 作为北美顶级滑雪目的地，加拿大 BC 省的很多滑雪度假村雪场的体量、雪质、设施都数一流。而且当前滑雪爱好者前往加拿大的签证办理和航班等越来越便捷，通过旅行社或 OTA 平台购买团队或自由行滑雪产品的渠道也越来越顺畅，③ 为滑雪爱好者的境外参与提供了有利条件。除了境外

① 李盛明：《从一项运动到一个重要产业》，光明网，https://news.gmw.cn/2017-02/18/content_23757847.htm，最后访问日期：2017 年 2 月 18 日。
② 佚名：《为什么要千里迢迢跑到国外去滑雪？只有去过之后才明白真的大不同》，搜狐网，https://www.sohu.com/a/212720997_268653，最后访问日期：2019 年 12 月 19 日。
③ 王辉：《中国滑雪行业迅猛发展——境外滑雪场蹭上红利》，华奥星空，http://www.sports.cn/yjsy/hyyj/2017/0313/144535.html，最后访问日期：2020 年 12 月 1 日。

滑雪，境外马拉松参赛人数也不断增加，众多国外马拉松赛事中不乏中国马拉松爱好者的身影。

反观国内体育旅游的发展，由于起步晚，在资源开发、媒体的国际化宣传、高水平国际赛事数量和基础设施建设等方面多有待于提升和完善，对国外体育旅游爱好者的吸引力大打折扣，入境体育游人数增长缓慢，就此而言，国外体育旅游市场的强势竞争力对我国体育旅游的发展带来一定的挑战。

三、旅游与体育管理体制的改革

旅游管理体制是指国家对整个旅游经济活动和运行进行协调与管理的组织形式、机构设置、职权划分和管理制度的总和，是旅游管理的基础和核心，是旅游经济活动正常开展和旅游经济有效运行的重要保障，也是实现旅游经济发展目标的重要手段。合理的旅游管理体制能够促进旅游业的健康快速发展，带来经济效益和不可估量的社会效益，同时带动交通、餐饮、娱乐业等相关产业的发展。很长一段时间以来，我国都在为优化、完善旅游管理体制而不懈努力，但由于我国旅游业与其经济基础仍处于不断发展完善阶段，在旅游管理内容、机构设置和运作等方面仍存在与我国旅游业发展相脱节的情况。

我国旅游管理体制几经改革，承载着历史赋予的内涵与职能。国家旅游局 1997 年明确提出了政府主导型的管理体制，政府在旅游业资源开发、配置等方面起着决定性的作用。在政府的主导下，政府能有效地协调各机构或企业来促成协作规划、开拓旅游市场，促进中国旅游业在短时间内获得有效发展。但随着市场经济的快速发展，政府过度干预旅游业发展，不仅未能解决市场的失灵问题，反而限制了其市场功能的正常发挥。抑或地方政府更重视本地区利益，不但不易形成区域旅游合作的局面，而且会造成区域隔离，不利于旅游业的区域联合发展。

当前许多地区或旅游项目开发开始引入市场主导型管理体制，市场逐渐成为主导力量，政府在秩序维护、旅游公共产品服务等方面适当干预，以弥补市场运行的不足。政府对旅游业的管理多是间接进行的，一般通过制定发展规划、政策、文件等把控旅游业发展方向，通过完善法规法律来维护其正常运行或规范秩序。市场主导型管理体制能充分发挥市场的主导性作用，灵活使用经济或法律的手段进行有效管理，能够积极广泛地吸纳社会资金，从而形成政府、协会、企业的通力合作，以促进旅游业的发展。市场主导型管理体制更多地依赖于市场规律和相关监督，政府干预力度越来越少，若相关法律法规不够健全，则容易造成旅游企业间的恶意竞争，部分企业更看重经济效益而忽略或弱视社会效益，更看重眼前利益而忽略长远发展利益，不利于旅游业的健康可持续发展。

除了以上两种管理模式外，还存在介于二者之间的结合型管理体制。这些管理体制不是截然对立的，它们在某一发展阶段或不同地域共存，增加了旅游管理的复杂性。

体育管理体制也一直处于不断改革的过程中。新中国成立之初，为了增强人民体质、提高运动技术水平以及弘扬民族精神，国家采用了政府主导型的举国管理体制，专门设置了相应的管理部门，政府在体育发展过程中行使几乎全部的管理职权，承担着绝大部分的经济义务等，行政手段是主要管理手段。改革开放后，随着我国市场经济的发展和体育竞技水平等的不断提升，体育的经济功能得以凸显，其市场潜力不断得以挖掘利用，政府主导型管理体制在发展体育经济功能方面的一些不利因素逐渐凸显。社会主导型体育管理体制则是指政府不直接干预体育，而更多地通过法律手段、经济手段进行宏观管理和调控的一种体制，能够充分调动社会各方面的积极性共同参与体育管理，更有利于激发社会资本的活力，进一步强化经济功能的发挥。介于政府主导型和社会主导型体育管理体制之间的，是结合型管理体制。在经济相对发达地区或具有市场化运作可行性的体育项目中，社会主导型管理体制或结合型管理体制的契合度相对更高。

体育旅游作为体育产业与旅游业的交叉融合产业，其在发展过程中必然会受到体育和旅游两个领域管理体制的影响，而当前二者多种管理体制并存的状况增强了其管理的复杂性，这对体育旅游发展而言也是较大的挑战。体育旅游资源的开发、营销等需要对不同地区、不同资源的管理体制有着全面而深入的把握与论证，需要对资源属性、归属等有着更清晰的认知。如在对体育竞赛或大众休闲项目进行旅游开发之前，既要权衡项目的社会化程度和当地的消费水平，还要考虑当地旅游或体育领域内既存的管理体制。当前，如何更好地发挥、协调好政府和社会的力量，理顺政府与市场的相互关系，兼顾不同区域、不同体育旅游项目资源，考虑不同空间、领域与要素，寻求更有效的发展途径，以促进我国体育旅游的科学发展，是一项颇具挑战的任务。

小　结

全域旅游发展背景下中国体育旅游发展的产业政策环境、生态环境、经济环境和技术环境得到重视或改善，2022年北京冬奥会的承办等，给体育旅游发展带来新的机遇。机遇与挑战总是并存的，我国体育旅游发展也面临着多种挑战，主要表现为体育旅游发展区域的不平衡、国际体育旅游市场的强势竞争力以及旅游管理体制和体育管理体制改革的复杂状况。只有努力把握发展机遇，积极应对复杂环境下的挑战，中国体育旅游才能实现健康可持续发展。

第四章 全域旅游视域下中国体育旅游的
发展模式、动力机制与实现路径

第一节 全域旅游理念的提出与实践

一、全域旅游理念的提出与完善

全域旅游是中国旅游业现今阶段必需的发展理念和策略。2009年江苏省昆山市提出"全域旅游，全景昆山"理念，旨在将产业互补、协作、融合发展的理念落实到旅游目的地创新实践中，以促进旅游休闲实践区建设，将昆山市打造成为中国一级县级旅游强市，全面提升城市层次。2010年"全域度假"一词出现在第15届全国区域旅游开发学术研讨会上，2011年杭州市在"十二五"旅游休闲业发展规划中创造性地提出了旅游全域化战略，旨在推进旅游业从有限空间向全区域范围拓展，使全区域内当地居民充分享受旅游发展成果。

2013 年厉新建从产业、市场、资源和产品四个方面深刻阐述了"全域旅游"理念的内涵，分析了"全域旅游"理念落地的八个抓手，给出了发展全域旅游的具体思路和建议。

2016 年国家旅游局正式提出全域旅游发展战略，之后"全域旅游"一词连续多次进入中央政府工作报告中，全域旅游发展成为国家旅游发展的核心政策。2017 年国家旅游局正式发布《全域旅游示范区创建工作导则》，它为全域旅游示范区创建工作提供了行动指南，是为了发展全域旅游而制定的法规，重新解释了全域旅游政策的内涵，要求旅游业从封闭的自循环发展向开放的融合发展转变，积极融合其他产业发展，带动旅游管理体制朝着综合协调管理和强调公共服务的方向转变，突破原有景点旅游发展的局限，从综合目的地建设的角度推进旅游业发展。2018 年国务院办公厅印发《关于促进全域旅游发展的指导意见》，指出发展全域旅游就是培育完整旅游目的地，目的地内各产业的规划布局要统一进行，各产业相互之间积极主动融合发展，创新旅游产业管理体制，提升管理职能，注重市场营销，使旅游产业的发展适应现代旅游者消费需求。全域旅游理念不断推进，旅游目的地的空间属性、旅游产业融合发展、因地制宜地发展和依法治理、政府统筹推进全域旅游的理念越来越清晰明确。2019 年全国全域旅游工作推进会召开，提出要大力提升全域旅游发展水平，完善文化和旅游融合发展体制机制，加快推进旅游治理体系和治理能力现代化。

全域旅游理念体现了全新的资源观、产品观、产业观和市场观，体现了发展观的价值取向，反映了消费者对旅游体验和生活质量更高的要求和政府、企业对自我发展的更高追求。当前大众旅游日益成为人们的基本生活方式，发展全域旅游能够充分发挥旅游业内生的创新引领性、协调带动性、开放互动性、环境友好性、共建共享性，是全面落实"创新、协调、绿色、开放、共享"五大发展理念的综合载体。

二、全域旅游理念的发展实践

我国关于全域旅游这一理念的实践大致可分为三个阶段：提出阶段、地方试点探索阶段、国家示范推进阶段。全域旅游理念一经提出，各地方也进入了实践探索阶段。2013 年浙江省首个全域旅游专项改革试点项目批给了桐庐县，旨在通过旅游产业的带动作用，引领桐庐有特色的乡村发展旅游业，统筹城乡发展。同年，宁夏回族自治区"'十二五'服务业发展规划"明确提出，要把全自治区作为一个旅游目的地发展全域旅游，建成具有旅游示范作用的典范地区，并且给出了发展全域旅游的思路和方向：区域内所有人员都要积极参与旅游、所有资源都要配合旅游产业的发展形成旅游景观，使旅游业朝着支柱产业和新经济增长点的方向发展，以承接国内服务产业转移，促进现代服务业发展，带动产业结构优化升级，增加就业，提高城乡居民可支配收入。2014 年郑州市人民政府颁发"关于加快全域旅游发展的意见"，指出要以建设城市大景区为引领规划和布局全市的产业，以城乡统筹发展为目的推动城乡旅游一体化发展，充分发挥旅游业的带动作用和辐射作用，提高郑州市在全国范围内的综合实力，按照"一统三大三层次"要求，各县（市）区积极谋划全域旅游发展新思路，提速推进旅游重大项目建设，中牟、登封、荥阳、二七区、管城区、郑东新区等多个县（市）区提高站位，超前谋划，在实践全域旅游发展道路上砥砺奋进。同年，山东五莲县、临沂市、莱芜市等地相继成为省全域旅游改革试点。

随着全国各地对于全域旅游实践的不断探索与发展，2015年国家旅游局立足于国家旅游战略层面，正式发布《关于开展"国家全域旅游示范区"创建工作的通知》，并提出"在2000多个县中，每年以10%的规模来创建"发展目标。2016年发布的《国家旅游局关于公布首批创建"国家全域旅游示范区"的名单的通知》，明确提出首批262家"国家全域旅游示范区"创建单位的市县名额，并同时对全域旅游的概念与价值作全面阐述。同年又出台《全域旅游示范创建工作导则》，进一步明确我国各地全域旅游示范创建的具体工作，为全域旅游战略理念在全国范围内的实践与发展搭建了一个良好的发展平台。在具体工作导则的指引下，各地迸发出发展全域旅游的源源活力，纷纷将全域旅游示范区创建工作作为"一把手"工程。多省区市党委、政府召开全省区市旅游产业发展大会，强力推进全域旅游，形成党政主导、部门协同、整体联动、齐抓共管的工作机制，在综合体制改革、现代旅游治理机制等方面取得了令人鼓舞的突破。很多县市也纷纷召开全域旅游发展推进大会，着力优化全域旅游空间布局，推进旅游产品结构优化升级。各地全域旅游发展精彩纷呈，涌现出以城市全域辐射、全域景区发展、特色资源驱动、产业深度融合、旅游功能区支撑等为代表的省、市、县多层级全域旅游推进新模式。如海南省实施"点—线—面"全域旅游空间发展战略，宁夏回族自治区推进"全景、全业、全时、全民"四"全"发展模式。陕西省走"厕所革命和城乡环境综合整治同步推进"全域旅游发展之路，贵州省建设全域山地旅游目的地，河北省通过"党政统筹、区域联动、全民参与"大力推进全域旅游，浙江省探索以建设特色小镇推动全域旅游发展模式，苏州市实行全域旅游生活目的地创建模式等。"2017 年全国分两批确定全国 500 个全域旅游示范区创建单位，包括海南、宁夏两省（区），91 个市（州），407 个县（市），覆盖全国 31 个省（区、市）和新疆生产建设兵团。"① 全域旅游已成为国家重点战略，是推动国民经济增长的新动力。

全域旅游发展顺应了当代旅游发展的新趋势，是旅游业转型升级的新战略、新路径，已远远超出旅游领域自身的意义，不但有利于发挥旅游综合产业优势，促进供给侧结构性改革，推动第一、二、三产融合发展和转型升级，形成以旅游业为

① 齐中熙、陈宇箫：《我国将创建 500 个全域旅游示范区》，新华网，http://www.xinhuanet.com//politics/2017-01/13/c_1120306591.htm，最后访问日期：2020 年 11 月 13 日。

引领的产业集群，构建产业新体系，还是促进区域统筹的重要模式，是很多地区统筹城市空间、生产空间、生态空间的重要工程。

第二节　中国体育旅游的全域发展模式

体育旅游作为新兴旅游形式，既是旅游发展全域化的体现，也是全域旅游实现的有效途径之一。在全域旅游理念的指导下，体育旅游可以更高质量、快速地发展，同时体育旅游的高质量快速发展又促进了全域旅游大格局的形成。因此，当前应着力构建切实可行的全域旅游发展理念下的体育旅游发展模式，以促进体育旅游自身的可持续发展和全域旅游的快速发展。总体而言，当下我国体育旅游的发展模式是在全域旅游发展的大背景下提出的，它以国家对于全域化旅游发展的要求为准则，以我国体育旅游发展的现实状况为基础，是一种涵括空间域、时间域、产业域、要素域和管理域的全方位发展模式。同时，体育旅游发展模式的构建需要各利益相关者的参与，应在遵循公平、可持续与共同性原则的基础上，在各利益相关者之间寻求一定的平衡，兼顾不同地区、不同群体和不同企业间的利益。

一、空间域和时间域的"全"

很长一段时间以来，传统体育旅游产业多依托单一的体育赛事观赏旅游或某一体验式体育旅游项目而存在，这种单点式的产业空间结构相互之间没有太大的关联，大大地束缚了体育旅游的发展。全域旅游视角下的空间域发展模式要求改变以单一结构旅游产品为主要架构的旅游空间系统，构建起以景区、度假区、旅游购物区、旅游露营地等不同旅游功能区为架构的旅游目的地空间系统，推动旅游目的地的综合建设。在促进体育旅游发展方面，要摒弃以单点存在的传统体育旅游发展方式，打破传统的行政区域壁垒，通过统筹空间体系指导各地区在系统的空间框架下开展体育旅游活动，形成"点—线—面"构成的综合体育旅游空间系统，让体育旅游的发展更加适应市场需求的变化。

"点"指的就是体育旅游集聚点，是体育旅游的核心吸引物，是消费者聚集和消费相对集中的地点。这里所谓的体育旅游集聚点，并无大小和形态之分，只是考虑布局规划的层次不同，而将某一行政区域内的一个个旅游景区、度假区看作一个体育旅游集聚点，或将某一个体育节庆活动、某一体育赛事的举办看作一个体育旅游集聚点。而体育旅游的"点"是整个体育旅游全域化发展的核心承载点，在体育旅游"点"的建设过程当中，首先要有能够承载体育旅游发展的优秀资源，并以之为依托设计体育旅游精品项目，形成特色鲜明的体育旅游主题，保持其核心载体的吸引力和竞争力；其次是要围绕着体育旅游"点"的建设配备完整的体育旅游各项要素，以便满足消费者的消费需求。

"线"指的是体育旅游线路或体育旅游走廊，在体育旅游的"点"与"点"之间架构起的交通纽带，规划出特色鲜明的体育旅游线路，构成以沿途旅游服务和旅游景观为基础的线性体育旅游空间结构。在规划体育旅游线路的过程中，应该选择观赛或休闲价值高、行程紧凑的线路，增加服务节点，改变消费者以往沿途的无聊体验，体现服务特色，增加消费者的舒适性，提升体育旅游整体服务质量。同时，要有明确的线路主题，在各个服务节点设置消费者可以自由加入和退出的多样性选择，保证消费者的个性化和自主性，保证体育旅游线路的合理性。

"面"指具有完整形态的全域化体育旅游综合体，全域旅游就是要做到全景化、全覆盖，其发展要涵盖方方面面。所以全域化体育旅游发展的完整形态就是将这一区域建设成为一个体育旅游综合体。体育旅游综合体所代表的是体育旅游整体的资源环境，是体育旅游的"点""线"发展建设的支撑载体，是一个完整的、多维度的体育旅游立体化空间。在体育旅游综合体的建设过程中要加强对于生态环境的治理和旅游行为规范的宣传，创造出良好的体育旅游生态环境和文明环境，通过多种宣传手段为消费者营造出浓厚的体育旅游氛围，通过完善产业链、配置旅游要素、优化管理机制等方式来为体育旅游综合体的发展提供强有力的支撑。

以山东省为例分析，可以进一步明晰"点—线—面"的体育旅游全空间域思路。一是沿海蓝色体育旅游综合体。包括了从日照到烟台的整个山东半岛地区，以青岛为核心，以整个海岸线为轴，开发出以海浴、帆船、帆板、海钓等不同项目为主的错层体育旅游集聚点，主题鲜明且各具特色，在此基础上规划多条体育旅游线路，将这一区域打造成一个蓝色体育旅游综合体，让消费者感受到运动与时尚相结合的水上体育旅游魅力。二是鲁西南革命老区红色体育旅游综合体。抗日战争时期的革命根据地有着优秀的红色体育旅游资源，可以在以沂蒙山为核心的革命老区区域建设红色体育旅游集聚点，还可以根据地形优势开发攀岩、登山、航空运动等体育旅游项目，将这一区域打造成一个以红色运动为主的体育旅游综合体，让消费者在感受红色文化熏陶的同时还能达到强身健体、休闲放松的目的。三是运河沿线体育旅游综合体。是以京杭大运河山东段为主的区域，山东段的京杭大运河流经德州、聊城、济宁等市，这一区域以众多的湖泊体育旅游资源为特色，可以开发出垂钓、龙舟、皮划艇等众多湿地湖泊类体育旅游产品，规划出多条体育旅游路线，打造出一个以湖泊水资源为主的旅游综合体。四是鲁中山地体育旅游综合体。此区域处于山东省中部地区，形成了以济南为核心向四周辐射的鲁中山地丘陵群，包括泰山、千佛山、原山、鲁山等众多名山和优秀的水体资源，可以开发登山、徒步、越野等赛事或休闲体育旅游集聚点，依靠便捷的交通规划体育旅游线路，形成一个以省会济南为核心向四周辐射的山体类体育旅游综合体。五是黄河沿线体育旅游综合体。是以流经山东的黄河沿线为主的区域，贯穿东营、滨州、德州、聊城等多个城市，体育旅游开发相较其他区域来说比较落后，优势的体育旅游资源尚未得到有效的开发。这一区域有着丰富的人文体育旅游资源和养生资源，依托这些资源可以开发马拉松、骑行、休闲观光、体育养生等项目，打造体育旅游集聚点，规划体育旅游线路，从而形成区域化的体育旅游综合体。六是贯穿东西的体育非物质文化旅游综合体。山东省从东到西集聚了莱阳的螳螂拳、潍坊风筝民俗、淄博蹴鞠文化、曲阜礼射文化和梁山武术等体育非物质文化遗产资源。这一线路有着丰富的体育人文旅游资源，依托这些资源进行深度旅游开发，可打造著名的体育非物质文化旅游集聚带，有利于体育研学旅行线路的开发。

同时，季节性问题一直是体育旅游发展中需要面对的时间域问题。体育旅游产品或体育旅游目的地本身特点使其具有某时间段的适宜性，或者旅游产品的吸引力随着季节或气候的改变而出现周期性的变化，从而导致体育旅游目的地具有明显的淡旺季之分，如中北部的滑雪和沿海地区的水上项目等。时间域的"全"要求在一年四季都要有满足消费者需求的体育旅游产品和服务。通过四季全时体育旅游产品的有效布局和打造，能够大大缓解或改变季节性问题，促进全时域的发展。

二、产业域的"全"

要实现旅游产业全域化发展，必须要将其单一旅游形态的产业结构转变为以旅游为平台的复合型旅游产业结构。在这一转变过程当中，首先要加强旅游产业自身的发展，其次要在以旅游产业为优势产业的基础上加强旅游产业与相关产业之间的交叉和渗透，培育区域化的旅游产业园区，促进旅游产业新体系的诞生，进而推动向复合型旅游产业的转变。在此思路引导下，实现体育旅游产业域的"全"可以从两个方面着手，一是推动体育旅游产业横向扩展，推动产业融合，促进新型产业的诞生；二是推动体育旅游产业纵向延伸，夯实产业基础，延长体育旅游产业链，促进纵向融合。

（一）体育旅游产业横向扩展

随着旅游消费者需求的变化、竞争的加剧和技术进步等，体育旅游产业与其他产业间的边界日渐模糊，技术、业务、运作和市场等方面的边界相互渗透，为体育旅游产业与其他产业的融合奠定了坚实的基础。推动体育旅游产业横向扩展的核心要求就是推动产业融合，尤其是与文化产业、健康产业以及娱乐产业的融合。

其一，利用产业集群促进体育旅游产业与其他产业间的融合。遵循体育旅游发展的区域化特点和集聚特点，建设体育旅游产业园区。根据体育旅游集聚点的分布情况，可以建水上运动产业园区、登山运动产业园区、高尔夫运动产业园区、体育文化旅游产业园区等。在建设体育旅游产业园区的基础上形成区域化的产业集群，以产业集群作为产业融合的载体，实现相关产业之间的融合。

其二，在体育旅游产业和相关产业融合途径方面，可以通过资源整合的方式实现产业之间的双向交叉和渗透；可以通过变革生产方式和引进新技术的手段促使产业边界模糊化，实现产业之间的重组和聚变；可以通过体育旅游产业或其他产业的功能来弥补产业彼此之间的短板，从而构建起以渗透型、重组型、互补型、互动型等方式为主的产业融合途径。如体育研学旅行就是体育旅游产业与文化产业互动融合的结果。《国务院关于促进旅游业改革发展的若干意见》和《关于进一步促进旅游投资和消费的若干意见》中都提出支持研学旅行的发展，全国各地相继出台中小学生研学旅行意见，研学旅行工作将全面开展。体育研学旅行的开展既是产业互动融合的体现，又进一步促进了体育旅游与教育实践的发展。《关于做好交通运输促进消费扩容提质有关工作的通知》也强调推进交通运输与体育赛事旅游的融合，鼓励创建以交通资源为特色的自主品牌体育赛事活动。由此可见，以体育旅游产业为主体，推行与其他产业的融合，增强产业间的密切合作与相互影响，有利于创造体育旅游新产品和体育旅游新业态。

（二）体育旅游产业纵向延伸

推动体育旅游产业的纵向延伸，最重要的就是要夯实产业基础，延伸产业链条。

首先，要实现体育装备制造、体育技能指导、体育旅游服务培训等体育旅游边缘产业与体育旅游主要产业的紧密对接，然后在体育旅游空间域分布的基础上，构建新的产业链，形成各具特色的体育旅游产业链，如海洋体育旅游产业链、滑雪旅游产业链等，通过这些产业链的构建，为区域内体育旅游的良好发展提供基础保障，创造更好的支撑条件。

其次，要增强整个体育旅游产业链条上的各个企业的创造力和竞争力，发挥已经形成一定规模的体育旅游企业的带动效应，鼓励各个企业之间通过合作共赢的方式来实现优势企业对弱势企业的带动，进而夯实整条体育旅游产业链的基础，促进体育旅游产业的价值提升，推动体育旅游产业的纵向延伸。

最后，要重视延伸产业链条中每一个环节，从市场开发、资金运作、产品设计，到市场销售与服务等，都应予以保障，积极引导体育旅游产业链上的创意产业、电子商务、金融等多方面的融合与活跃，以部门协同治理为基础，构建智能化公共服务体系，打通体育旅游产业纵向延伸的通道，拓宽融资群体与模式，构建全产业链融合、延伸体系。

三、要素域的"全"

发展全域旅游就是要改变传统旅游以旅游资源为核心的单一要素的旅游开发模式，转向以构建旅游整体环境为核心的、以促进区域发展和区域功能完善为主的旅游全要素体系开发模式。所以构建完备体育旅游要素域的发展模式，就是要为消费者创造良好的旅游整体环境，具体可以从"吃、住、行、游、娱、购"这六大要素着手。目前"吃、住、行、游、娱、购"这六大方面的发展已经有了一定的基础，但仍需完善。为了促进体育旅游区域发展和区域功能完善，必须要丰富和发展体育旅游要素体系，实行全域化的要素整合。

一是完善体育旅游餐饮文化体系。消费者在参与体育旅游的同时，也想体验体育旅游目的地的文化和风土人情，其中饮食文化是最直接和最方便体验的。在进行体育旅游全域化建设时，可以根据各个区域的特色进行针对性的设计，开发出生态、安全、便捷、有特色的美食产品，根据体育旅游集聚点和体育旅游路线的规划配置相应的餐饮店，以达到完善餐饮体系的目的。

二是加强体育旅游住宿接待能力。住宿体验是消费者整个体育旅游体验过程中非常重要的一环，好的住宿体验可以提高消费者的满意度和重游意愿，提高体育旅游整体区域的住宿接待能力是非常必要的。应该合理规划体育旅游目的地的主题酒店与民宿，提高服务质量和服务规范，为消费者营造舒适的住宿条件，打造与体育旅游全域化发展配套的住宿服务接待区。

三是优化消费者体育旅游线路细节。要在尊重和了解消费者旅游消费意愿基础上，进一步优化体育旅游线路细节，努力为消费者节省沿途时间，使其可以更好地投入到体育旅游当中。可以在区域内规划多条到达体育旅游集聚点的旅游专线，与区域内的基础交通设施相互补充，避免局部交通拥挤的状况；可以在体育旅游规划的线路上增加乘车点和换乘点，方便消费者能够及时到达想要去的体育旅游目的地；可以在体育旅游覆盖的区域中设置即时交通信息提醒设备，公布交通线路的运行状况，方便消费者及时选择或更换交通线路等。

四是合理规划旅游线路，科学串联沿线体育旅游产品，形成长短、远近、内外、劳逸结合的体育旅游线路体系，全盘激活体育旅游活力。在合理开发体育旅游资源、设计优质体育旅游产品的基础上做好统筹，因地制宜、串联城乡、户内外体育旅游景点，立足全局，互联互通，形成科学合理的网络化产品布局与线路，释放体育旅游产业融合发展、联动发展的巨大潜力。

五是构建体育旅游特色购物体系。体育旅游经济效益应打破以往单纯依靠销售体育旅游产品为支撑的局面，在区域内构建起以体育旅游为核心的特色购物体系，共同带动消费者消费，促进体育旅游效益的增加。一方面，在研发体育旅游核心产品的同时，可以结合地方特色或体育旅游核心产品设计衍生产品，以完善体育旅游的购物要素体系；另一方面，要在体育旅游区域内努力配备旅游购物中心和旅游购物街，发展全方位、全网络、全时空的购物格局，尽量满足消费者在体育旅游过程中的消费需求，努力为消费者营造出良好的购物消费环境和购物体验。

六是丰富体育旅游休闲娱乐形式。在推出主要体育旅游产品之时，也应附有一定差异化的体育旅游项目，使消费者在体育旅游过程中感受到别样的休闲娱乐体验，营造体育旅游的休闲娱乐氛围，提高消费满意程度，进而促进重复旅游消费。

除了以上要素外，要素域的"全"还包括资源、资金、土地、人才、信息等要素的综合发展。

四、管理域的"全"

旅游管理体制是影响全域旅游发展的根本性问题，也是实现全域旅游有序推进的重要保障和关键支撑。迈入全域旅游时代，旅游的主客体发生了明显变化，传统的管理体制已经不能适应当前旅游产业的发展，必然要求管理模式的革新，"从过去部门的单一的管理体制，要过渡到综合管理体制，适应这个综合产业、综合需求的一个体制"[1]。全域旅游战略的实施就是要实现我国从"小旅游"时代向"大旅游"时代的跨

---

[1] 连品洁、刘佳、翟钦奇：《"全域旅游"上升国家战略 成经济发展重要引擎》，人民网，http://travel.people.com.cn/n1/2017/0315/c41570-29145620.html，最后访问日期：2019年4月15日。

越，在向"大旅游"时代的跨越中，旅游业的发展不能再继续沿用传统的旅游管理模式，必须要转变传统旅游管理思维，利用好全域旅游的发展理念，创新管理模式，建立起良好有效的部门联动机制，调动起多方参与的积极性，推动旅游管理模式的转变。而在体育旅游的发展方面，体育旅游本身就是融合型产业，涉及多个行业，管理起来更为复杂，更需要突破传统管理模式，创新管理机制，提高管理效能，构建现代化的体育旅游管理域发展模式，推动体育旅游全域化发展。体育旅游管理模式的发展将主要从两个方面考量：一是优化多方参与的管理结构，创建良好的综合管理格局；二是完善各项政策制度，加强执法队伍建设。

优化多方参与的管理结构，创建良好的体育旅游管理格局。首先，政府应该在遵从全域旅游的管理理念的基础上，建立健全旅游综合协调联动机制，科学制定全域旅游发展规划，制定全域旅游政策，发挥调控职能，建立专门的体育旅游发展委员会，负责体育旅游在全域化发展过程中的协调和管理工作，多部门共同参与解决、处理各种突发事件。其次，充分发挥市场作用，鼓励社会各界力量的积极参与。特别是体育旅游企业、消费者和社区居民这三个群体，他们是促进体育旅游发展的重要力量。体育旅游企业对体育旅游的发展有着极强的敏感性和前瞻性，同时也为体育旅游的开发提供资金支持；消费者是体育旅游的直接利益相关者，也是体育旅游的直接体验者；旅游目的地的建设与发展，也离不开当地社区机构和居民的大力支持。构建政府、社会合作基础上的多部门协作的联动机制是确保体育旅游健康快速发展的关键。

完善政策制度，建立健全相关法律法规，加强执法队伍建设。首先，完善政策制度，建立健全相关法律法规，规范全域旅游市场秩序。政策是宏观调控的重要手段，包含了财政、土地、人才等各方面，积极制定和完善与体育旅游发展息息相关的财政支持、旅游用地等政策，制定相应的法规、制度和章程等，加强行业发展标准的制定和实施，做到有据可循、有法可依，确保体育旅游利益相关者的权益得到保障，并对不合理的行为作出惩罚或制裁，包括体育旅游消费者的不当行为。同时也应重视体育旅游产业的特殊性，很多时候普适性的旅游产业的政策与法律条例，如《中华人民共和国旅游法》《中华人民共和国自然保护区条例》等，不能完全涵盖体育旅游产业的特殊性，需要针对性地完善相关政策与规章制度，才能更好地保障体育旅游产业的健康发展。其次，在健全法律规章制度的同时，还要明确体育旅游发展的问责机制，根据体育旅游全域化规划发展的布局，建设起一支体育旅游综合执法队伍，强化体育旅游各项法律法规的执行力度，做到违法必究、执法必严。完善各项规章制度，加强执法队伍建设，是维护体育旅游产业发展环境、促进体育旅游健康发展的重要管理举措。

第三节　中国体育旅游全域发展的动力机制

中国体育旅游的全域发展是多种因素和综合环境共同驱动的结果，需要多元动力的推动和支撑，其动力机制是一个多维、互动的复杂系统，主要由政府引导力、供给侧结构性改革推动力、科技创新驱动力、产业融合与社区参与助力等构成。

一、政府引导力

政府部门与其他相关部门的管理主体达成一致的管理思想与理念，形成管理政策，促进管理环境的改善和规范秩序的形成等，是推动体育旅游全域化发展的重要引导动力。随着体育旅游的快速发展和管理体系的日益完善，国家宏观政策或具体细则的实施与调整在促进体育旅游健康快速发展方面产生巨大的影响。2017年政府工作报告提到"大力发展全域旅游"和"出台国家公园体制总体方案"，这是"全域旅游"和"国家公园体制"第一次写入政府工作报告。2018年则将目标进一步细化落实，从概念模糊的"大力发展全域旅游"，变为具体的、可操作的"创建全域旅游示范区"；从整体性的"出台国家公园体制总体方案"，变为目标更聚焦、更明确的"深化国家公园体制改革试点"。国务院层面对旅游产业发展的政策指引，变得越来越务实和细致，越来越强调目标的可操作性和可考核性。全域旅游价值导向政策也在体育旅游领域逐步明晰。2016 年《关于推进体育旅游融合发展的合作协议》强调体育旅游融合发展，2018 年《关于促进全域旅游发展的指导意见》提出推动旅游与体育融合发展和打造体育旅游综合体等全域发展思路。全域化旅游发展政策导向成为当前我国体育旅游发展的重要引导动力。

二、供给侧结构性改革推动力

当前中国经济发展从高速增长阶段进入了高质量发展阶段，社会的主要矛盾转变为人民日益增长的美好生活需要和不平衡不充分的发展之间的矛盾，中央明确要把调控的重点转向供给侧结构性改革，强调用增量改革促存量调整，优化产业结构，提高产品质量，优化产品结构，从供给、生产端入手，解放生产力，提升竞争力，这不仅成为经济增长的新方法，而且能够更好地满足人们日益增长的多元化需求。对于旅游业发展来说，供给侧结构性改革促使其从过去片面追求数量增长转变到提质增效上来。中国旅游进入大众化日常消费阶段，旅游消费快速增长，旅游消费需求不断升级与多样化，旅游者的需求不再是传统的求新、求奇，而是要求全新的体验，享受环境优美、业态丰富、功能完备的旅游生活空间，有越来越多的人开始投入到集娱乐、度假、健身和旅游于一体的体育旅游中来。供给侧结构性改革能够通过提升体育旅游产品质量、创造新的体育旅游产品等方式，为消费者提供更多样、优质的体育旅游产品，打造体育旅游品牌，为体育旅游全域化发展提供动力与支撑。

三、科技创新驱动力

科技创新是建设现代化经济体系的战略支撑，也是发展旅游产业的重要驱动力。以科技创新驱动体育旅游高质量的发展，是贯彻新发展理念、破解当前旅游发展中突出问题的重要抓手。科技创新在体育旅游信息技术更新、体育旅游设施升级、体育旅游环境保护等方面大有作为。科技创新技术与理念融入体育旅游资源的开发、产品设计、市场营销、人力资源管理和旅游信息化处理等各个环节，融入食、宿、游、购等各要素，不仅能够更好地挖掘体育旅游资源的价值，拓展体育旅游产品的表现力和影响力，提升消费者的感知体验质量，而且能够建立体育旅游信息化服务平台，将体育旅游产品与酒店、交通等要素更好地关联，大大提升体育旅游目的地消费的便捷性，更好地满足消费者多层次多方面的出行与游乐需求。同时，运用创新的技术手段，利用大数据技术与视频通信云技术，能够实时监控体育旅游目的地的安全状况与服务质量，建立实时信息发布与预测预警机制，及时做好分流客源、疏散交通以及人身安全防护等工作，提高应急管理能力。科技创新可以更好地为消费者提供高质量的产品体验，促进体育旅游服务的便利化，提升体育旅游的安全性，成为促进体育旅游全域化发展的重要驱动力。

四、产业融合与社区参与助力

旅游产业不是一个独立的产业，而是一个产业集群，由许多行业、产业所构成，其"吃、住、行、游、购、娱"六个环节属于不同的产业和不同的行业，所以旅游产业必须走融合发展的道路，必须要与相关产业一起发展。体育旅游的特质及具有的开放性、互动性决定了它更需要走创新融合发展的道路。产业融合是体育旅游产业发展到一定历史阶段的必然产物，也是其可持续发展的助力。产业融合能够提高体育旅游产业在生产、销售、财务、客户管理效率，推动体育旅游和第一、二、三产业全链条深度融合，不断推出满足个性化、多层次需求的高质量体育旅游产品，优化资源配置，拓展市场空间，助力体育旅游的全域化发展。

"社区参与旅游发展是指在旅游的决策、开发、规划、管理、监督等旅游发展过程中，充分考虑社区的意见和需要，并将其作为主要的开发主体和参与主体，以保证旅游可持续发展和社区全面发展。"[1] 社区是旅游发展的依托，社区居民是旅游发展中至关重要的参与者和利益主体，社区居民参与旅游发展是旅游产业可持续发展的重要内容和评判依据，也是推动旅游产业可持续发展的内在动力和源泉。[2] 体育旅游的发

---

① 劳惠燕:《基于全域旅游视角下社区参与旅游发展的思考》,《中外企业家》2017 年第 31 期。

② 黄德林、林璇:《全域旅游视角下武当山景区社区参与模式研究》,《湖北社会科学》2018 年第 3 期。

展离不开所在社区的大力支持，社区的积极参与不仅对体育旅游全域化发展中的社会环境、文化环境建设发挥着积极的作用，同时也在体育旅游目的地开发、管理和监督过程中起着积极推动作用，是体育旅游全域化发展的重要助力。

第四节　中国体育旅游全域化发展路径

加快体育旅游产业发展是供给侧结构性改革和新时代现代化经济体系建设的应有之义，也是建设体育强国、健康中国的必然要求。基于全域旅游理论，结合我国体育旅游产业发展的实践，可以实施以下七大发展路径推动我国体育旅游产业的高质量发展。

一、加强政府宏观调控

加强政府宏观调控是保障体育旅游发展的基本措施。从科学规划与协调体育旅游发展的多方利益、完善政府监管到推进体育旅游公共服务体系建设，政府应充分发挥宏观调控职能，协调好不同区域、不同部门和不同群体的相关利益，制定各项发展规划，及时颁布相关政策，确保体育旅游规划工作的顺利实施，并在规划和统筹的基础上，完善体育旅游公共服务体系，落实好与体育旅游发展息息相关的基础设施建设、体育旅游用地、生态环境保护等重要内容的规划与调控工作，并建立规划评估与实施督导机制，提升宏观政策或规划的实施效果。

二、加快培育和壮大体育旅游企业

在加强政府宏观调控的同时，还应加快培育和壮大体育旅游企业，引导社会力量助力体育旅游发展。体育旅游资源的市场化配置程度、体育旅游企业资本运作水平、企业规模和运营的专业化程度等因素，直接影响体育旅游产业的发展水平。只有建设一流的、创新型的体育旅游企业或集团，才能更好地促进体育旅游资源的市场化运作，提供更丰富、优质的体育旅游产品。积极培育一批具有强竞争力的一流的体育旅游企业，以合资、合作、参股、租赁等形式鼓励体育旅游企业投资建设旅游休闲设施、开发特色体育旅游产品，形成政府引导、市场主导、共同管理运营的模式，才能激发社会资金活力和体育旅游企业动力，提高体育旅游服务水平，提升我国体育旅游产业的整体实力和国际影响力。

为壮大体育旅游企业，具体可以采取以下措施：其一，政府可以通过财政补贴、税收减免等方式，扶持特色体育旅游企业，促进其快速发展壮大。其二，培育骨干体育旅游企业，支持具有自主知识产权、民族品牌的体育旅游企业做大做强，推进连锁、联合和集团化经营，实现体育旅游企业规模化、集团化、网络化发展。其三，鼓励单项体育旅游组织和团体的成立，引导各类体育俱乐部规范、有序、健康发展。其四，加强体育旅游行业协会建设，搭建政府与企业沟通渠道。

三、营造良好的体育旅游环境

发展全域旅游，环境是关键。只有具备全域性的旅游环境，才能实现旅游活动的全域性展开和旅游产业的全域化发展。国务院办公厅下发的《关于促进全域旅游发展的指导意见》中明确指出，要大力"推进共建共享"的旅游环境建设，全面提升、优化旅游发展的资源环境、空间环境、安全环境和社会环境，为构建全域化的旅游发展格局打好环境基础。进入旅游市场大众化和旅游发展全域化阶段之后，广大人民群众对美好生活的需求日益增长，旅游已经成为人们美好生活需求的异地化实现方式。旅游消费过程从原来以景点观光为主，转变为在目的地的滞留生活体验。消费者的旅游活动开始由专门的旅游服务场所扩展到目的地所有空间，旅游目的地的旅游资源环境、旅游空间环境、旅游安全环境和旅游社会环境等，共同对消费者的旅游消费体验产生更直接、更深刻的影响，旅游环境成为消费者接触面最广、感知最直接、体验最深刻的目的地要素。而且在许多情况下，旅游环境本身也成为旅游目的地最重要的吸引力之一。因此，营造良好的旅游环境是推进全域旅游发展的重要内容之一。

改善旅游环境是旅游全域化发展的基本诉求，也为体育旅游的可持续发展提供了保障。营造良好的体育旅游环境与《关于促进全域旅游发展的指导意见》要求相契合：

一是要加强体育旅游资源环境保护。在体育旅游开发的过程中要做到以保护资源环境为先，倡导绿色开发，改变以资源依赖型为主的传统体育旅游开发模式，推进创新以环境保护为主的新型体育旅游开发模式，保护自然生态体育旅游资源、非物质体育文化旅游资源的原真性和完整性，保护资源环境不被进一步破坏，创造良好的体育旅游环境，为体育旅游消费者提供更真实与别具特色的旅游体验。

二是要营造良好社会环境。通过普及旅游知识和宣传教育，提高目的地居民的"东道主意识"，以和谐、友善、好客的人文环境营造友好型的体育旅游目的地形象，以身作则地营造良好的旅游人文环境，并引导消费者文明旅游，增强消费者对于当地环境保护的责任意识，将全域旅游的发展理念落实到每一位体育旅游目的地居民和消费者的态度和行动上。

三是要推进生态环境整治，加大对体育旅游生态环境的整治力度。从各个体育旅游集聚点到体育旅游线路，再到整个体育旅游区域，逐步实现对生态环境的净化、绿化和美化，对在消费者旅游活动过程中产生的垃圾实行无害化、生态化处理，全面优化体育旅游环境；要强化体育旅游环境保护意识，在各个体育旅游区域内张贴各项环境保护标识，加强体育旅游目的地的居民对于环境保护的参与度和重视度。

四是要加强体育旅游安全保障。相比较其他旅游形式，众多体育旅游项目和环境安全风险较高，要不断提高风险意识，加强旅游安全制度建设，落实责任分工和管理监督，特别是要完善应急反应预案，进一步提高应对风险和处置风险的能力，并通过强化安全管理来最大限度地降低体育旅游安全事故的发生。

良好体育旅游环境的营造是全民参与、主客互动的共建共享过程，各地应以全员动员、全民参与为手段，打造全域化的优质体育旅游环境和产业发展空间，最终形成当地居民、体育旅游者、体育旅游相关企业、相关社会组织与政府和谐共享的自然、人文和安全环境，为体育旅游产业的高质与高效发展奠定坚实的基础。

四、建设全域化体育旅游服务体系

首先，完善全域化体育旅游基础设施体系为体育旅游发展提供坚实支撑。

第一，继续完善综合交通网络体系。要加强地区基础交通体系对于体育旅游发展的支撑，完善体育旅游目的地交通设施的配置，加快交通规划和建设，在规划、建设中充分考虑重点景区道路的连接，完善交通引导标识设置，优化公共交通资源配置与体育旅游区域内的客源流量匹配度，完善各个体育旅游集聚点的可进入度，目的地交通线路兼顾自驾游和公共交通，使交通网络网格化以适应消费者的需求。在规划和部署公交线路时，应从全域旅游视角出发，将旅游景点纳入其中，甚至设立旅游专线。

第二，构建完善的体育旅游咨询服务体系。在体育旅游集聚点建设消费者旅游服务中心，以便及时解决消费者在体育旅游中遇到的问题；在体育旅游线路、交通枢纽以及体育旅游区域内各种购物街、大型酒店、综合商场内设置咨询服务站点，以及时向消费者提供体育旅游相关的线路、交通、气象、安全、医疗急救等信息与服务。

第三，加强通信网络建设。根据旅游目的地的规模大小，建立与之匹配的通信设施、信号覆盖等，建设发达的全域化通讯体系。在各个体育旅游集聚点、体育旅游线路和消费者密集的地方实现无线网络覆盖，保证绝大部分地区都能实现无线上网。特别是要在一些山区体育旅游目的地，推进无线网络覆盖，促进通信设施的投入和完善。

另外，积极发展餐饮业、增加景区住宿酒店数量、加强购物街建设等也是完善体育旅游基础设施体系的重要内容。

其次，提高服务质量，以增加消费者在体育旅游过程中的舒适性，增强体育旅游的消费者体验，全面提高体育旅游服务质量。

第一，要构建全域化体育旅游服务框架，完善体育旅游服务的标准和细则，优化体育旅游服务礼仪和流程，加强对体育旅游服务人员的培训，强化服务人员的服务意识和服务能力，塑造出规范专业、热情有礼的全域化体育旅游服务形象。

第二，打造完善的志愿者服务体系，在各个体育旅游集聚点和咨询站点安排志愿者服务，制定出相应的管理章程，组织志愿者开展公益服务，在消费者的体育旅游过程中开展宣传引导、咨询讲解、应急处理等工作，努力打造品牌化的志愿者服务体系。

第三，充分发挥高科技的作用，借助互联网、云计算等信息技术，促进服务手段现代化。组建有关消费者的大数据库，将消费者在体育旅游过程中的行为习惯和消费习惯数据化，以便为消费者提供更直接、更贴心、更高效的服务。运用人工智能、大数据等高新技术手段，在体育旅游过程中提供智能导游、电子讲解等服务，构建全域化的体育旅游智能服务系统。

五、优化体育旅游产品体系

优化体育旅游产品体系，首先要打造全时空的体育旅游产品体系。针对体育旅游资源开发的区域不平衡或重复开发、区域体育旅游项目单一导致消费者平均停留时间短，以及旅游目的地淡旺季"冰火两重天"等问题，要抓住本区域旅游资源特点，做好时空统筹规划，打造全时空体育旅游产品体系。

其一，优化空间结构。从区域视域出发进行统一规划，在对体育旅游资源、交通线路等充分论证的基础上，打造相互衔接、补充的系列体育旅游产品。在每一个体育旅游空间区域除了打造核心产品之外，应尽量避免在临近区域开发重复或相似的体育旅游产品，而应围绕主题错层开发相关或延伸产品，最终形成网状的多样化的旅游产品，以增强本地区体育旅游产品的吸引力和竞争力，满足消费者的多种体育旅游体验需求。

其二，优化时间结构。充分利用已有体育旅游资源做热旺季、突破淡季，着力在完善全天候旅游产品体系方面下功夫，开发与春、夏、秋、冬四个季节对应的体育旅游产品，增加整体效益。如当前众多滑雪场除了精品化发展冬季滑雪旅游产品外，也在春季、夏季和秋季引入适宜的体育旅游项目，打造房车营地、滑沙滑草、户外游乐、徒步登山、真人 CS、水乐园越野车体验等各类娱乐项目，拓展全时域体育旅游产品体系，既促进了体育旅游目的地的建设和效益，也更好地满足人们日益增长的多样化的体育旅游需求。

其次，要优化产品结构，提升体育旅游产品质量，突出优势产品品牌化战略。

第一，合理布局，提升体育旅游产品质量。为了适应外部市场环境的变化和满足消费者对体育旅游产品提出的高要求，不能再单一地追求体育旅游产品数量的增多，而更应优化与提升体育旅游产品结构与质量。根据体育旅游全域化发展的布局和资源特色，完善以赛事、休闲体育、节庆体育、民俗体育、红色体育等为主的体育旅游产品体系，在各个区域内合理规划核心产品和配套产品，构建主次分明的全域化体育旅游产品结构，并在此基础上丰富内涵、提升品质，提高体育旅游产品质量，增强产品的生命力和竞争力。

第二，牢固树立品牌意识，打造品牌化体育旅游产品，加快体育旅游目的地品牌化建设。对已有的各级各类体育旅游精品景区、线路、赛事和目的地等，要持续优化提升，做强做大品牌形象，深度挖掘体育旅游资源特色，突出地域化与差异化，丰富其文化内涵，积极创建世界级、国家级体育旅游产品与景区，凸显品牌差异，增强品牌意识，实现由产品经营向品牌经营转变。

六、实施系统营销

营销是整个产业发展的重要一环，要想加快体育旅游产业的发展，增加体育旅游产业的经济效益，扩大体育旅游的市场规模，就需要制定合理的营销策略作为保障。

首先，要制定合理的体育旅游营销规划，将营销系统加入体育旅游全域化发展的整体规划之中，树立系统营销的理念，明确营销战略，推动政府、企业、媒体的共同参与，形成上下结合、多方联动的全域化体育旅游营销格局。

其次，要创新营销方式，丰富体育旅游的营销手段，在推进体育产品开发与体育旅游营销环节衔接的基础上，根据不同的区域特点和产品类型实施不同的营销手段，如节庆营销、赛事营销、体验营销等；也可以根据体育旅游消费人群特征的不同实施相应的营销方式，如网络营销、公众营销等，形成传统营销和在线营销、常规营销和事件营销等的有效结合，并借助大数据分析消费者消费行为，细化目标群体，展开精准化营销，共同构建出一个丰富立体的全域化体育旅游营销体系。

最后，充分利用多媒体扩大营销宣传覆盖面，加快网络营销体系建设，完善营销机制。新一代的年轻群体对于传统宣

传媒介的关注度极大降低，对体育旅游而言，传统宣传方式
的覆盖范围较小，宣传效果不佳。当前需要拓展体育旅游宣
传方式，必须利用好新媒体技术，将新媒体与传统媒体结合
起来宣传，扩大宣传范围，覆盖更多的体育旅游爱好者群体，
以达到更好的效果。传统媒体方面，可以通过报纸、电视、宣
讲会等方式进行宣传，也可以在车站、机场、商场、公交站
点等人流密集的地方投放宣传广告，营造出良好的体育旅游
氛围；新媒体方面，通过新媒体渠道，如自媒体、微信、微
博、微电影、社交网络等，进行全方位、多渠道、高密度宣
传，实现体育旅游全域化的宣传覆盖效果。

七、完善体育旅游专业人才培养体系

随着中国旅游产业的快速发展，体育旅游专业人才的需求
也日益旺盛。体育旅游专业人才包括整个体育旅游活动的实
际组织者、营销者及体育旅游运动项目的指导者等，人员的
质量和数量与体育旅游活动的顺利开展密切相关，但当前体
育旅游专业人才的缺乏成为限制其进一步快速发展的重要因
素。为适应全域旅游发展的时代需要，培养优秀的体育旅游
专业人才势在必行。

第一，改革高校体育旅游管理专业人才培养机制。全域旅
游时代，旅游产业发展与社会经济、文化发展融合更为密切。
由于体育旅游专业人才的特殊性，在体育旅游专业人才的培
养方面，高校要注重知识与实践的结合，需要建立政府主导

下的校内外多层面合作机制，形成良性互动，弥补单一高校或学科发展的局限性。政府、高校和体育旅游企业之间的良好互动机制能够有效解决体育旅游专业人才培养中存在的众多问题。在校企合作中可以优化组合高校体育旅游专业师资团队，一方面可以利用校企合作聘请体育旅游企业的专家做高校专、兼职教师，另一方面还可以鼓励高校教师到体育旅游企业中学习考察，提升教师团队教学实践水平。优化的教师团队既能按照当前全域旅游发展对体育旅游专业人才在精神理念、知识素养、体育专业技能、旅游管理与服务能力等方面提出的要求，在授课过程中进行有针对性的传授，又能够将体育旅游市场信息及时传递给学生，使学生能够快速更新信息储备，有利于培养市场亟需的理论和实践结合的复合型体育旅游专业人才。同时，在校企合作中加强实践场地、器材设施资源的共建共享，完善教学实践场地、完善器材设施的配置，既解决了学校场地设施短缺问题，又为高校体育旅游专业人才培养提供了更好的实践基地，从而有利于体育旅游专业人才培养过程的顺利实施。

第二，建立完善的专业人才职后培训体系和合理流动机制。鼓励各级有关部门以及各体育旅游企业加强工作人员的专业能力培训，加强工作人员在策划、组织、管理等方面的专业能力。加强体育旅游企业间的交流与合作，包括体育旅游专业人才继续培训的方法和经验，将体育旅游专业人才的持续培训作为促进旅游企业、地方旅游发展的长远战略。根据体育旅游专业人才的实际情况，企业应提供多样化的培训机会，不断提升从业人员的专业水平，努力使体育旅游专业人才资源满足日益增长的体育旅游产业发展的需要。另外，体育旅游专业人才的合理流动机制也必不可少。在市场经济体制下，人才流动是绝对的，但大规模的、过度频繁的人才流动不利于企业和产业的发展，因此在培养和继续教育优秀体育旅游专业人才、尊重人才市场流动规律的基础上，应建立完善的体育旅游专业人才流动机制，加快建立规范化的体育旅游人才市场，推动人才市场信息化建设，建立专业人才流失预警制度，促进不同地区或不同体育旅游企业专业人才的合理流动和人才的合理配置。

小　结

全域旅游视域下的体育旅游发展模式构建需要各利益相关者的参与，应在遵循公平、可持续与共同性原则的基础上兼顾不同地区、不同群体或不同企业间的利益。构建体育旅游发展模式要以建构体育旅游空间域和时间域为前提，在此基础上来完善产业域、要素域和管理域的建构，以此来开创体育旅游发展的新局面。体育旅游的发展需要多元动力为支撑，其动力机制是一个多维、互动的复杂系统，主要由政府的引导力、供给侧结构性改革推动力、科技创新驱动力、产业融合与社区参与助力等构成。体育旅游的全域化发展路径主要包括七个方面：加强政府宏观调控、加快培育和壮大体育旅游企业、营造良好的体育旅游环境、建设全域化体育旅游服务体系、优化体育旅游产品体系、实施系统营销和完善体育旅游专业人才培养体系。

参考文献

研究专著

保继刚、楚义芳编著:《旅游地理学》,高等教育出版社,2012。

陈振明:《公共管理学》(第二版),中国人民大学出版社,2011。

邓爱民、桂橙林、张馨方、祝小林:《全域旅游:理论·方法·实践》,中国旅游出版社,2016。

郭万超编:《文化和旅游产业前沿》,社会科学文献出版社,2019。

黄海燕、张林主编:《体育旅游》,高等教育出版社,2016。

黄虚峰编著:《文化产业政策与法律法规》,北京大学出版社,2013。

蒋莉莉:《文化产业融合发展路径研究》,东方出版中心,

2016。

李刚:《城镇居民体育旅游风险知觉消费行为研究》,经济科学出版社,2017。

柳伯力主编:《体育旅游概论》,人民体育出版社,2013。

陆邦慧:《体育旅游的现状调查与对策研究》,中国文史出版社,2014。

邱秋:《中国自然资源国家所有权制度研究》,科学出版社,2010。

史寿山编著:《全域旅游:增城旅游发展的实践与思考》,暨南大学出版社,2016。

陶春峰:《旅游产业集群模块化发展的协调机制》,社会科学文献出版社,2020。

田良主编:《三亚全域旅游发展实践与理论思考》,中国科学技术大学出版社,2018。

王润:《旅游产业集群的理论与实践——大城市郊区旅游产业集群发展之路》,中国建筑工业出版社,2016。

魏成元、马勇主编:《全域旅游:实践探索与理论创新》,中国旅游出版社,2017。

夏君玫:《体育旅游概论》,中南大学出版社,2019。

殷红梅、梅再美、王茂强等:《贵州区域旅游开发研究》,贵州科技出版社,2007。

臧旭恒、徐向艺、杨蕙馨主编:《产业经济学》(第四版),经济科学出版社,2007。

郑健雄:《休闲旅游产业概论》(第二版),中国建筑工业出版社,2018。

[英]维德、[英]布尔:《体育旅游》,戴光全、朱竑主译,南开大学出版社,2006。

报刊论文

刘劲柳:《我国导游管理体制改革六题》,《中国旅游报》2011年11月7日011版。

魏小安:《促进全域旅游发展》,《中国旅游报》2015年12月7日C02版。

陈东田、吴人韦:《旅游度假地规划特点及现有规划设计规程的适用性研究》,《旅游学刊》2001年第5期。

陈岩英、谢朝武:《全域旅游发展的安全保障:制度困境与机制创新》,《旅游学刊》2020年第2期。

戴斌、夏少颜:《论我国大众旅游发展阶段的运行特征与政策取向》,《旅游学刊》2009年第12期。

戴学峰:《全域旅游:实现旅游引领全面深化改革的重要手段》,《旅游学刊》2016年第9期。

樊纲:《政府应少做和不做什么——以产业政策为例》,《党政视野》2015年第6期。

樊文斌:《全域旅游视角下大连旅游专项规划探析》,《规划师》2015年第2期。

方叶林、黄震方、张宏、彭倩、陆玮婷:《省域旅游发展的错位现象及旅游资源相对效率评价——以中国大陆31省市区2000—2009年面板数据为例》,《自然资源学报》2013年第10期。

方永恒、周家羽:《体育旅游产业与文化创意产业融合发展模式研究》,《体育文化导刊》2018年第2期。

侯兵、黄震方、徐海军:《外部性视角的城市旅游公共管理体制变革与创新》,《商业经济与管理》2009年第6期。

黄敏、刘洪利:《山区县域旅游可持续发展研究——以河北省崇礼县为例》,《商业经济》2010年第1期。

李强、罗光华:《三十年来中国城市旅游业评述:进展与悖论》,《现代城市研究》2013年第8期。

李瑶亭:《城市旅游化发展的经济效应研究——以我国26个旅游城市为例》,《北京工业大学学报（社会科学版）》2013年第4期。

厉新建、张凌云、崔莉:《全域旅游:建设世界一流旅游目的地的理念创新》,《人文地理》2013年第3期。

刘玉春、贾璐璐:《全域旅游助推县域经济发展——以安徽省旌德县为例》,《经济研究参考》2015年第37期。

吕俊芳:《城乡统筹视阈下中国全域旅游发展范式研究》,《河南科学》2014年第1期。

马海鹰、吴宁:《全域旅游发展首在强化旅游综合协调体制机制》,《旅游学刊》2016年第12期。

马晓龙:《国内外旅游效率研究进展与趋势综述》,《人文地理》2012 年第 3 期。

梅艺华、周园源、王乐、喻正义、梅俊莹:《基于"互联网+全域旅游"融合模式研究——江西省旅游产业融合模式剖析》,《中国市场》2016 年第 47 期。

潘丽霞、张贤友:《大学生冰雪项目旅游决策影响机制研究》,《西安体育学院学报》2019 年第 6 期。

潘丽霞、赵敬国、葛书林:《女性业余跑者马拉松参与行为意向的影响机制》,《上海体育学院学报》2020 年第 10 期。

舒小林:《欠发达地区旅游政策演变及趋势展望——以贵州省为例》,《技术经济与管理研究》2011 年第 2 期。

唐晓云:《中国旅游发展政策的历史演进(1949—2013)——一个量化研究的视角》,《旅游学刊》2014 年第 8 期。

王羲:《规范和制约有关环境的政府行为——为〈环境保护法〉修改建言》,《环境保护》2013 年第 16 期。

王鑫:《全域旅游背景下山西省节庆旅游发展研究》,《太原学院学报(社会科学版)》2019 年第 6 期。

吴真松、写朝武、郭志平:《〈旅游法〉与我国旅游行政治理体系的变革研究》,《旅游学刊》2014 年第 10 期。

徐福英、马波:《城市旅游在中国:研究回顾与发展展望》,《旅游科学》2012 年第 4 期。

徐虹、刘海玲:《转型期中国旅游行业协会法人治理机制研究——基于全国 31 个省、市、自治区的调研》,《旅游学刊》

2016 年第 5 期。

徐小波、赵磊、吴必虎、刘滨谊、钟栎娜:《城市旅游绩效要素结构与发展模式关联——基于 49 市的比照分析》,《自然资源学报》2016 年第 8 期。

闫玮:《县域旅游绩效管理方法研究》,《旅游经济》2015 年第 4 期。

杨春宇:《中国旅游制度变迁机制及其理论体系构建研究——基于新博弈格局视角》,《商业经济与管理》2011 年第 12 期。杨强:《体育产业与相关产业融合发展的内在机理与外在动力研究》,《北京体育大学学报》2013 年第 11 期。

杨强:《体育旅游产业融合发展的动力与路径机制》,《体育学刊》2016 年第 4 期。

于素梅、易春燕:《体育旅游资源的内涵及开发问题研究》,《成都体育学院学报》2005 年第 1 期。

余东华:《产业融合与产业组织结构优化》,《天津社会科学》2005 年第 3 期。

郁建兴、周俊、沈永东、何宾:《后双重管理体制时代的行业协会商会发展》,《浙江社会科学》2013 年第 12 期。

张辉、岳燕祥:《全域旅游的理性思考》,《旅游学刊》2016 年第 9 期。

张强弓、祝杨:《湖北省体育旅游发展现状及对策研究》,《体育科技文献通报》2007 年第 1 期。

张树民、钟林生、王灵恩:《基于旅游系统理论的中国乡村旅游发展模式探讨》,《地理研究》2012 年第 11 期。

张文磊、周忠发:《全域体验开发模式:区域旅游开发的新途径》,《生态经济》2013 年第 2 期。

张一君、赵雅婷:《全域旅游视角下的特色小镇发展研究——以安徽省为例》,《北京印刷学院学报》2019 年第 S1 期。

郑芳、米文宝、文琦:《旅游经济发展中的环境经济政策应用及研究进展》,《生态经济》2013 年第 4 期。

郑河津、吴爱清:《推进全域景区化旅游综合改革》,《浙江经济》2014 年第 23 期。

周玮、黄震方、唐文跃、沈苏彦:《基于城市记忆的文化旅游地游后感知维度分异——以南京夫子庙秦淮风光带为例》,《旅游学刊》2014 年第 3 期。

周霄:《体育产业与旅游产业融合发展模式与对策研究——基于全价值链的视角》,《武汉轻工大学学报》2015 年第 4 期。

周永博、沙润、杨燕、卢晓旭、侯兵:《旅游景观意象评价——周庄与乌镇的比较研究》,《地理研究》2011 年第 2 期。

朱世蓉:《以全域乡村旅游理念整合农村产业结构的构想》,《农业经济》2015 年第 6 期。

左文君、明庆忠、李圆圆:《全域旅游特征、发展动力和实现路径研究》,《乐山师范学院学报》2016 年第 11 期。

Alexandris, K, Kaplanidou, K., "Marketing Sport Event Tourism: Sport Tourist Behaviors and Destination Provisions," *Sport Marking*, 2014, Vol.23, No.3.

Beh, A., Bruyere, B. L., "Segmentation by Visitor Motivation in Three Kenyan National Reserves," *Tourism Management*, 2007, Vol.28, No.6.

Cein, M., Zeren, I. & Sevik, H. et al, "A Study on the Determination of the Natural Park's Sustainable Tourism Potential," *Environmental Monitoring & Assessment*, 2018, Vol.190, No.3.

Font, X., Higham, J. & Miller, G. et al, "Research Engagement, Impact and Sustainable Tourism," *Journal of Sustainable Tourism*, 2019, Vol.27, No.1.

Gibson, H. J., "Sport Tourism: An Introduction to the Special Issue," *Journal of Sport Management*, 2003, Vol.17, No.3.

Prayag, G., "Senior Travelers' Motivations and Future Behavioral Intentions: The Case of Nice," *Journal of Travel & Tourism Marketing*, 2012, Vol.29, No.7.

Robinson, T., Gammon S, "A question of Primary and Secondary Motives: Revisiting and Applying the Sport Tourism Framework," *Journal of Sport & Tourism*, 2004, Vol.9, No.3.

Hudson, S., Graham, A. M., "The Responsible Marketing of Tourism: the Case of Canadian Mountain Holidays," *Tourism Management*, 2005, Vol.26, No.2.

Stylidis, D., "Place Attachment, Perception of Place and Residents' Support for Tourism Development," *Tourism Planning & Development*, 2018, Vol.15, No.2.

学位论文

付云全:《全域旅游视角下长沙沙坪小镇新型城镇化建设研究》，中南林业科技大学硕士学位论文，2014。

贾鑫:《全域乡村旅游发展中的政府职能研究》，湖南农业大学硕士学位论文，2019。

李玉国:《县级行政区旅游产业全域发展模式研究——以沂南县为例》，山东师范大学硕士学位论文，2014。

苏振:《旅游产业演进与旅游公共政策研究》，云南大学博士学位论文，2011。

孙昕:《贵阳市花溪文化旅游创新区建设策略研究》，天津大学硕士学位论文，2015。

肖妮:《中国全域旅游发展水平的测度及时空演化与空间效应研究》，东北师范大学博士学位论文，2019。

熊丽蓉:《基于公私合作制(PPP)的上海旅游公共服务体系研究》，上海师范大学硕士学位论文，2014。

闫壮壮:《全域旅游视角下山西省运动休闲特色小镇的建设和运营研究》，山西大学硕士学位论文，2019。

杨双:《全域旅游视角下庐山市旅游发展策略研究》，苏州科技大学硕士学位论文，2019。

钟栎娜:《基于复杂网络理论和文本分析方法的旅游地感知研究》，北京大学博士学位论文，2012。

后　记

　　十年之前，因为从事体育教育工作且爱好旅游，我开始对体育旅游领域有所涉猎，深入探究的想法由来已久。即使已对体育旅游实践具有一定的认知并保持持续关注，但真正研究起来才发现其复杂性远超预期，这不能不说是对自己研究能力的一种考验。体育旅游活动本身具有较高的综合性，不仅与体育旅游消费者密切关联，还涉及社会的方方面面，如社会经济发展、基础设施建设、相关组织机构以及各种相关政策等，导致体育旅游产品的开发、体育旅游消费者的需求、体育旅游目的地的管理等更具复杂性，因此需要研究者具备多学科或跨学科的理论素养，要有理论的敏感性，能够进行多层面的综合思考。这对自己的知识储备和研究能力来说是个较大的挑战。但开弓没有回头箭，又是自己感兴趣的方向，我只能在不断思考和探索中完成初稿。

　　在整理书稿之时，深觉惭愧，但仍觉出版有其必要性。思考多年的体育旅游这一主题，在成书之时总有种辞不达意、表达不够妥切之嫌。一方面觉得自己的体育旅游实践经验不够丰富，更多的支撑材料来自间接经验；另一方面自己的多学科或跨学科理论积淀不够，一些研究未能从更全面的视角系统而深刻地剖析。同时在结构内容的层次逻辑方面也有一定的遗憾。但由于新冠疫情的缘故，包括体育旅游在内的旅游市场一度遭受重创。随着疫情的成功防控和国内经济发展的持续向好，旅游业开始逐渐恢复，疫情虽给方兴未艾的体育旅游带来了相当的冲击和影响，但同时也加快了整个行业转型的步伐。如为了促进常态化疫情背景下的旅游业快速发展，"云旅游"和无接触的数字旅游新业态不断涌现，促进了智慧化体育旅游体系的建设和旅游运营模式的升级，为全域旅游的发展带来了新的动力和机遇。因此，虽觉惭愧，但我仍希望本书能够顺利出版，从而为后疫情时代体育旅游的健康发展提供一定的助益。

衷心感谢我的领导、同事和朋友们，感谢你们的大力支持，为本书的写作提供帮助。也感谢孩子们的理解和支持。

学力所限，本书存在诸多不足，敬请读者批评指正。后续我会努力积淀多学科素养，更系统深入地探索我国快速发展的体育旅游实践，争取以更好的成果弥补这些缺憾。

潘丽霞

2021 年 5 月 6 日